大家小书

# 西洋哲学史

李长之 著

北京出版集团公司
北京出版社

**图书在版编目（CIP）数据**

西洋哲学史 / 李长之著. — 北京：北京出版社，2017. 8
（大家小书）
ISBN 978 - 7 - 200 - 12847 - 5

Ⅰ. ①西… Ⅱ. ①李… Ⅲ. ①哲学史—西方国家 Ⅳ. ①B5

中国版本图书馆 CIP 数据核字(2017)第 032398 号

总策划：安　东　高立志　　责任编辑：高立志　邓雪梅

·大家小书·

西洋哲学史

XIYANG ZHEXUE SHI

李长之　著

*

北京出版集团公司
北京出版社
出版

（北京北三环中路 6 号　邮政编码：100120）

网址：www.bph.com.cn

北京出版集团公司总发行

新华书店经销

北京华联印刷有限公司印刷

*

880 毫米×1230 毫米　32 开本　7.5 印张　120 千字

2017 年 8 月第 1 版　2018 年 5 月第 2 次印刷

ISBN 978 - 7 - 200 - 12847 - 5

定价：38.00 元

# 序　　言

袁行霈

“大家小书”，是一个很俏皮的名称。此所谓“大家”，包括两方面的含义：一、书的作者是大家；二、书是写给大家看的，是大家的读物。所谓“小书”者，只是就其篇幅而言，篇幅显得小一些罢了。若论学术性则不但不轻，有些倒是相当重。其实，篇幅大小也是相对的，一部书十万字，在今天的印刷条件下，似乎算小书，若在老子、孔子的时代，又何尝就小呢？

编辑这套丛书，有一个用意就是节省读者的时间，让读者在较短的时间内获得较多的知识。在信息爆炸的时代，人们要学的东西太多了。补习，遂成为经常的需要。如果不善于补习，东抓一把，西抓一把，今天补这，明天补那，效果未必很好。如果把读书当成吃补药，还会失去读书时应有的那份从容和快乐。这套丛书每本的篇幅都小，读者即使细细地阅读慢慢地体味，也花不了多少时间，可以充分享受读书的乐趣。如果把它们当成补药来吃也行，剂量小，吃起来方便，消化起来也容易。

我们还有一个用意，就是想做一点文化积累的工作。把那些经过时间考验的、读者认同的著作，搜集到一起印刷出版，使之不至于泯没。有些书曾经畅销一时，但现在已经不容易得到；有些书当时或许没有引起很多人注意，但时间证明它们价值不菲。这两类书都需要挖掘出来，让它们重现光芒。科技类的图书偏重实用，一过时就不会有太多读者了，除了研究科技史的人还要用到之外。人文科学则不然，有许多书是常读常新的。然而，这套丛书也不都是旧书的重版，我们也想请一些著名的学者新写一些学术性和普及性兼备的小书，以满足读者日益增长的需求。

“大家小书”的开本不大，读者可以揣进衣兜里，随时随地掏出来读上几页。在路边等人的时候，在排队买戏票的时候，在车上、在公园里，都可以读。这样的读者多了，会为社会增添一些文化的色彩和学习的气氛，岂不是一件好事吗？

“大家小书”出版在即，出版社同志命我撰序说明原委。既然这套丛书标示书之小，序言当然也应以短小为宜。该说的都说了，就此搁笔吧。

# 一部简明而富于文学色彩的哲学史

于天池　李书

## 一

《西洋哲学史》是李长之先生在抗日战争期间编著的，也是长之先生在民国时期出版发行量最大的一部著作。

关于长之先生，随着改革开放，随着他的《鲁迅批判》《孔子的故事》《道教徒的诗人李白及其痛苦》《司马迁之人格与风格》《陶渊明传论》《韩愈》《迎中国的文艺复兴》等大量著作的陆续再版，知道并喜爱他的读者越来越多。不过，一般都是把长之先生当作文艺批评家、古典文学的研究学者来看待的，很少知道长之先生同时也是一个研究哲学的学者，一个正宗毕业于清华大学哲学系的人。实际上，在二十世纪三四十年代，年轻的长之先生在哲学界和美学界如同他在文学界和批评界一样虎虎有生气，为同行所瞩目。他不仅发表过诸多研究中外哲学、美学方面的论文，比如《路易斯哲学方法的述评》《对哲学中分析方法的一个反动——读布劳特著：〈心及心在自然中的地位〉》《谈坛经》《论唯物论派和唯心论派的短长》等，也出版过《中国画论体系及其批评》《德国的古典精神》《文艺史学与文艺科学》等专著。早在1935年，在他就读于清华大学时，他即由金岳霖先生介绍加入了中国哲学会。

关于《西洋哲学史》的编撰，有一段有趣的公案。

本来《西洋哲学史》当时被列为“青年必读丛书”，作为课题项目是由国民党中央宣传部长王世杰出名约写，原是由中央大学哲学系教授方东美先生担当的，但是方东美先生因故辞却了。而此时长之先生因为抗日战争爆发时由北平来云南向朋友借贷的路费需还，正向当时迁到重庆的中央大学校长罗家伦先生告急。罗家伦便想让长之先生接下这个项目——于私，长之先生可以用稿费还债；于公，他认为以长之先生的学识和文笔也确实是合适人选。不过，当日长之先生在中央大学的身份只是讲师，而且并非哲学系职员，即使就讲师而言，也刚因为写了《批评史上的孟轲》一文，被宗白华先生推荐到中文系任教。但中央大学的哲学系同人，从方东美先生到宗白华先生，乃至唐君毅先生，对于长之先生担当此项目都无异辞，还给予了大力支持。这就是长之先生在本书的《序言》中说“本书之成，很感谢罗志希先生、方东美先生、宗白华先生、洪范五先生、唐君毅先生，他们或者给我指导，或者给我启发，或者予我以参考书籍的便利。尤其是方先生和唐先生，我向他们讨教的时候太多了。假若没有他们的助益，这本书恐怕写不成。这好意使我永不能忘却”的基本背景。

## 二

毕竟《西洋哲学史》是向中国人介绍西方的哲学史，从体例要求上只是一本通俗的读物，长之先生在叙述框架上采用了“拿来主义”。他坦承编著是“采自法人韦柏（A. Weber）《哲学史》（*History of Philosophy*），并参以他书而成”[①]。韦伯的*The History of Philosophy*当日是欧洲普遍采用的大学教材，“清晰而有条理”，体现了当日西方哲学史研究的最新成果，非常适合作为编著的蓝本。但长之先生向中国读者介绍西洋哲学史并非只是拾韦伯之牙慧，并非哺啜獭祭，而是在融会贯通的基础上出于己意。相对于法人韦伯的《The

① 见本书《例言》。

History of Philosophy》，长之先生的《西洋哲学史》有转述处，有沿袭处，有综合处，但更有研究处，独具只眼处。这在叙及希腊哲学、德国古典哲学，在把西方哲学史与中国哲学史的比较上表现尤为耀眼。

长之先生懂德文、英文、法文、日文、俄文，其阅读的速度不仅与他惊人的写作速度相侔，而且其批评也和阅读如影随形，反应敏捷。往往在阅读一部著作之后，他的一篇具有批评精神的论文也即面世。在清华大学读哲学系的时候，他通读了德国古典时期温克尔曼、康德、歌德、席勒、洪堡、荷尔德林等人的德文原著，写出了《德国古典精神》一书。在中央大学教书期间，他阅读了厚厚的英文版的《柏拉图全集》之后，便写出《柏拉图对话集的汉译》的长文，对当时吴献书译《柏拉图之理想国》、张东荪和张师竹译《柏拉图对话集六种》、郭斌和景昌极译《柏拉图五大对话集》提出批评的同时，对柏拉图的哲学思想也进行了介绍和研究。

长之先生平生最向往世界文化史上的三个时代，即古代的希腊、中国的周秦、德国的古典时代[1]。他一生对于文化和哲

① 李长之，“德国的古典精神自序”，《李长之文集》（10），河北：河北教育出版社，2006：151。

学的研究也集中在这三个时代。在《西洋哲学史》中，关于希腊哲学和德国古典哲学，关于它们与中国周秦时代哲学的比照，长之先生独到的心得，富于创见的叙述随处可见。他谈柏拉图，说：“我现在大声疾呼：柏拉图是历史上所有‘巨人’中最可亲的人，他那《对话集》乃是历史上所有‘巨著’中最可爱的书”！便注释说：“可参看著者《〈柏拉图对话集〉的汉译》一文。”他叙述希腊的苏格拉底，便说“他之重修养而轻纯粹知识，颇像我们孔子”。“孔子说：‘述而不作，信而好古，窃比于老彭。’孔子把智慧推给古人，正如苏格拉底推给神。”苏格拉底认为：“伦理学之外，可说无哲学，这和孔子之不轻言性与天道，又说‘未知生，焉知死’有一种道德的，人间的、现世的意味着都若合符节。”“他是难以比拟的一位善为人师的哲人，这也只有孔子似之。”他在第五章《近代哲学之极峰上——康德》谈到康德时就称“可参看著者康德《关于优美感与壮美感的考察》译文前之《译者导言》”，在具体阐述《判断力批判》时又在小注中说“此处所谓美，旧译优美；此处所谓壮观，旧译壮美。因‘壮观’实与‘美’相对待，故不取‘壮美’——译者”。《关于优美感与壮美感的考察》是长之先生1936年依据Erust Cassirer主编的《康德全集》第二卷翻译的，译文之前，长之先生写了长长的《导言》，《导言》对于康德进行了全面的介绍和分析——“大部分是我自己的意见”[①]。长之先生在1944年至1945年还翻译了康德的《判断力批判》，只是由于各种原因未曾出版，2006年出版的《李长之文集》也未及收录。《西洋哲学史》同时也吸收了方东美、宗白华、唐君毅对于西方哲学史的研究成果，比如在论及希腊哲学家泰勒斯（Thalēs）关于水的论述时，长之先生说：“我觉得他的说法颇可以与中国的《管子》上说的‘水者何也？万物之本原也’（《水地篇》）相比较；只是《管子》的立场终为伦理学的，泰利斯的立场则终为形而上学的。”他加小注说“此点为唐君毅先生所提示”[②]。在谈到希腊哲学之后，西方有“一千多年的中世纪”，“也许孔子比柏拉图、亚里斯多德的体系更完美吧，所以孔子以后，中国人睡得更久些”时，他引述了宗白华的话：“宗白华先生常谓中国之哲学与美感后世不发达之原因，其一即在周秦时已至圆熟之境，后人遂难以为继。”[③]他评论方东美先生的《科学哲学与人生》，称：“此书价值在能从深处分析近代精神与希腊精神的

---

① 李长之，译自康德，“关于优美感与壮美感的考察·导言”，《李长之文集》（10），河北：河北教育出版社，2006：180。

② 见本书025页注释。

③ 见本书076页注释。

区别所在。”[1]从某种意义上，长之先生的《西洋哲学史》可称是汇聚了当日东西方关于西方哲学史研究的最新成果的一部小册子。

灾难深重的中华民族自进入近代社会以来，由于落后封闭，屡受帝国主义列强的欺凌，而以70年前爆发的抗日战争创深痛巨。有鉴于此，志士仁人无不急切于中国的现代化，对于中国的文化走向给予深入的探讨。长之先生也发表了意见，他说：“我们在这样的局面下的文化运动，到底何去何从？仍然中学为体，西学为用么？还是单纯地全盘西化？抑是空洞的中国本位？这些路究竟通不通，值得不值得走？”“假若就三个名词看，自仍以中体西用为最少流弊。假若把这认为是正，全盘西化就是反，而中国本位是合。合往往近于正，而超过之。所以现阶段的文化运动，就是近于中体西用，而又超过中体西用的一种运动。其超过之点即在我们是真发现中国文化之体了，在作彻底全盘地吸收西洋文化之中，终不忘掉自己!”[2]他非常重视对于西方哲学史的介绍，说“文化是整个的，枝叶重

---

① 见本书185页。

② 李长之，“中国文化运动的现阶段·在教会权威压抑下作为近代精神之潜流的经院哲学”，《李长之文集》（1），河北：河北教育出版社，2006：54，57。

要，源头更重要。西洋哲学就是近代西洋文化一切成果的总源头。我们要现代化（也就是要西洋化了），对于西洋哲学的认识,遂有一种特殊的需要”。“对源头倘若还不能虚心与彻底，则枝叶的吸收，必至徒劳。这都是在今日而介绍西洋哲学时所不能不顾及的一点特殊意义。”[①]

在《西洋哲学史》中，长之先生反复表达了其写作时的“中国人的立场”，除去在体例上“年代以公元纪年为主，特有时附以中国年代，以便与中国文化演进相比较。或附或否，悉以其事关系整个文化史大小，或有无比较意义而定”[②]，主要表现在三个方面：其一，将西洋哲学史上关键节点人物的出现与中国哲学史上的人物登场进行比并，比如叙及苏格拉底，说“他生于公元前四六九年，这时在中国孔子之死刚十年；他死于公元前三九九年，距中国孟子之生也差不多差十年；所以他乃是在孔孟之间，与墨子并世的人物”[③]。叙及黑格尔则说：“以一七七〇年即乾隆三十五年生于德国西南部的施徒喜德（Stuttgart），以一八三一年即清道光十一年享寿六十一岁而卒。他死时，中国曾国藩已经是二十岁的青年了，

① 见本书《自序》。

② 见本书《例言》。

③ 见本书048页。

焦循和阮元则和他并世。[1]”这使得中国读者对于西方哲学界的代表人物及其时代有认知上的亲切感。其二是，他往往将西方哲学家的观点与中国哲人的观点两相对照，既加深了对于西方哲学观点的印象，也在比较中将中西方哲学理念进行了梳理。他在叙述英国哲学家洛克“不承认有所谓生来即知的真理（innate truth）”时说，“此可与荀子之反对性善说相比较，荀子亦就教育的立场，认为倘人性善，岂不是教育不必要了”[2]。他谈到黑格尔的精神哲学，论及“个人意志与非个人意志之暗斗终是存在的，果欲前者纳之于后者之中，则法律必须变为道德（morality），亦即客观精神必须变为主体。‘道德’实现于许多制度中”时，便指出“到此为止。很可见出和孔子思想的类似，孔子主张‘政’‘刑’不如‘德’‘礼’，尤见与黑格尔吻合。而孔子正是实行了人伦教化方面的责任的，故价值之大，亦因是可见”[3]。其三，他始终注意从宏观上将西方哲学与中国哲学在文化上进行比对，观其大略，为中国的文化复兴现实探路喝路。他指出：“以中国人的文化教养而去看西洋哲学时，有五点是和我们的口胃格格不入的，然而

① 见本书157页。

② 见本书134页注释。

③ 见本书164页。

这五点却又确乎是作了西洋哲学的神髓和传统的。这五点是：一是‘神’的观念；二是‘全体性’的观念；三是‘绝对’的观念；四是‘善’与‘恶’相矛盾，而又承认其应当并存的看法；五是战斗的色彩。这五点几乎是在中国哲学里绝不容存在的，然而在西洋哲学中，却正弥漫了任何时代，笼罩了任何哲人。”[①]他在论述黑格尔的“精神哲学”时说：“黑格尔以下论及国家超个人之意义，则与西洋全体性观念有关，这在中国便比较隔膜多了。但却正因为隔膜，乃为我们所急应吸收，尤其在要国家现代化时！”[②]他努力提升国民对于中国哲学文化发展的自信心。说“西洋哲学的进步（正如其它方面）不过是近百年的事，这是指明以中国悠久的历史看，我们在这一段落中的落伍还不太长，当急追，追上并不难”，同时指出“中国将来的哲学，不言而喻，必须是中国传统精神的”[③]。他自豪地说：“也许孔子比柏拉图、亚里斯多德的体系更完美吧，所以孔子以后，中国人睡得更久些！——可是睡足了以后，也就准有精神百倍的更大更精彩的贡献的，这在西洋是已有五百年历

① 见本书《导论》。

② 见本书164页注释。

③ 见本书184页。

史的‘近代’，在中国则正是将临的中国‘文艺复兴’吧。”[①]

学习和了解西方哲学史，是为了更进一步地发展中国文化，是为了让中国的文化得以取长补短，为中华的文艺复兴服务，从而在某种意义上具有比较哲学史的意味，这是长之先生《西洋哲学史》最大的特点，也是其最大的价值，是在历经沧桑，在抗日战争胜利七十年之后仍充满活力之所在。长之先生表示“我是一个中国人，我的读者也是中国人，所以我写这本书不能不采取中国人的立场。虽然所说的是西洋哲学，但我凡想到和中国相关的地方，也都情不自禁地流露出来”。“情不自禁地流露出来”，说得何等好啊，不过那只能是一个挚爱着祖国，同时学贯中西，对于中国传统文化和西方文化都有着深湛的研究的学者才能措手！

长之先生的《西洋哲学史》虽然是讲哲学史的书，但文字优美流畅，像读长之先生的其他文章一样，不拿起则已，拿起来就催人一口气读下去，而不是像一般哲学书那样沉闷晦涩。像全书的开端：“理想的政治，必须有哲学的基础。柏拉图说，如果不是哲学家做皇帝，至少也须已经做了皇帝的人学习哲学。现在各个国民已经得到皇帝阿斗的地位了，那么，就应

① 见本书077页。

该赶快作柏拉图所说的第二步——学习哲学。”多么幽默！像《导言》的结语：“在下面的各章里，西洋哲学史的幕次第拉开，请留心瞧那些名角的登场。”多么洒脱而引人入胜！像其叙述康德的《判断力批判》的内容：“《判断力批判》中第一部分是《美学》（Aesthetics）。美感建诸一主观基础，犹理性与意志然。理性构成真，意志构成善，美感则构成美。美不在客观，美为美感之产物。凡为美者，在‘质’上为悦人的；在‘量’上为悦一切人的；在‘关系’上为悦人而超利害、超观念的；在‘姿态’上其悦人为必然性的。美与壮观（sublime）有别，美为理解力与想象力间和易平静之感，壮观则予人以搅扰，予人以激动。美必有形式，壮观则为形式与内容之不能谐和。壮观生于理性与想象之冲突，因理性所意想者为无限，而想象则有其一定之限度故。”又是多么精要简练而纡徐从容！而像这样的文字，柏拉图的“《对话集》是我们现存的最古的希腊哲学著作，同时也是唯一最全然无缺的古代著作。《对话集》中除掉或者显系赝品或者疑信参半的之外，重要而且可靠的，一共二十多篇。这二十多篇，可说字字珠玉，是人类文化中的至宝。爱好文艺的人，不用说，不能不读；爱好哲学的人，更不能不读，如果你不幸一时不能读他的全集，至少应当读这二十多篇；倘若再不幸，这二十多篇也不能读，那么，最低限度了，也要读读他的《理想国》（The Republic）！倘若生为一个读书人而不读《对话集》，真可说枉作了一个读书人！其中有高尚华贵的思想，有清丽潇洒的文章，有诙谐调侃的风趣，有掩卷而可吟咏无穷的韵致。这里是最好的诗（因为那沁人心脾的警句是风起云涌）；是最好的戏剧（因为那对人情的描绘是刻画至尽）；也是最高洁的灵魂所奏出之最美妙的音乐（因为那里回荡着天地间最幽深的和谐）；同时并有一种不伤害于人的、伟大的、淳朴的感情。但《对话集》又确乎是思辨的，赤裸裸地代表了哲学之爱智慧的本色。你刚一读时，应当为那书的形式之优美而觉得可惊讶，继续读下去便应当为书的内容之佳绝而陶醉、而欣然忘食了”。其语言简直“如决江河，沛然莫之能御”，让人忘掉这是哲学史著作而觉得是优美的散文。试想，阅读这样的文字，读者能不被吸引吗？

## 三

长之先生的《西洋哲学史》甫一出版便获得极大的成功。从1941年4月由重庆正中书局初版，改列为“青年基本知识丛书”，到国民党离开大陆，《西洋哲学史》在中国大陆从未间断出版，仅四川重庆图书馆就藏有其1941年、1944年、1947年的版本；在台湾地区，此书也一直再版。笔者手头有台湾1974年正中书局的第七版样书，可见出版之频繁、读者之众多。《西洋哲学史》可以说是长之先生的哲学著作中影响最大的。他在回忆中曾说："这本书特别销路广。"

《西洋哲学史》之所以赢得广大读者长久的喜爱，没有随着时光的流逝被遗忘，还是宗白华先生说得好"中国近代出版的哲学书数量不大，能散布着智慧的愉悦的更是不多。往往不是晦涩难读，就是企图着纯学术以外的目的，或是两者兼而有之。李长之君这本小的《西洋哲学史》里却包罗着溢出篇幅以外的丰富的哲学生命；这里是西洋两千多年的心灵底探险，智慧的结实；用着热情（对哲学的真正热爱）和明澈的态度，为着没有学过哲学书而徘徊于哲学门墙之外的青年写的。很明显地，作者很想把他对于哲学的爱也传染给他的青年朋友们"。[①]

① 重庆：时事新报，1941-19-14，"学灯"（135期）（4）。

# 目 录

# 自　　序

## 一

理想的政治，必须有哲学基础。柏拉图说，如果不是哲学家做皇帝，至少也须已经做了皇帝的人学习哲学。现在各个国民已经得到皇帝阿斗的地位了，那么，就应该赶快作柏拉图所说的第二步——学习哲学。

我们现在所急需的是要把中国彻底现代化。敌人打击我们，不也是因为见我们现代化快要完成了，而眼红，而妒忌么？我们的吃亏，不也就因为我们现代化得不早么？我们的牺牲，说简单了，不是也就在争一个“完成现代化”的自由和时间么？什么是现代化？简言之，现代化乃是西洋化。详言之，便是由西洋近代科学、技艺、思潮、精神所缔造之整个文化水准。从而贯通于今日最进步的社会组织、政治机构、生活态度之一切的一切，我们中国都能迎头赶上之谓。

然而文化是整个的，枝叶重要，源头更重要。西洋哲学就是近代西洋文化一切成果的总源头。我们要现代化（也就是要西洋化了），对于西洋哲学的认识，遂有一种特殊的需要。

培根（F.Bacon）说，要利用自然者先须服从自然。我说我们对于西洋文化亦然。这就是说，要利用西洋文化以完成我们的现代化时，却先须服从西洋文化。所谓服从，就是虚心而彻底地去了解。

对源头倘若还不能虚心和彻底，则枝叶的吸收，必至徒劳。这都是在今日而介绍西洋哲学时所不能不顾及的一点特殊意义。

## 二

但我是一个中国人，我的读者也是中国人，所以我写这本书不能不采取中国人的立场。虽然所说的是西洋哲学，但我凡想到和中国相关的地方，也都情不自禁地流露出来。但我并非特别去比附这方面，正如我不想特意避免这方面。

宋人说："凡立言，欲涵蓄意思，不使知德者厌，无德者惑。"（《程氏遗书》）我认为这是写一切通俗书的标准。我写这本书时，心上是常有这句话的影子在浮现的，至于作到作不到，自己却不敢说了。

本书之成，很感谢罗志希先生、方东美先生、宗白华先生、洪范五先生、唐君毅先生，他们或者给我指导，或者给我启发，或者予我以参考书籍的便利。尤其是方先生和唐先生，我向他们讨教的时候太多了，假若没有他们的助益，这本书恐怕写不成。这好意使我永不能忘却！

最后，我不能不说明我之习哲学，获益于吾师冯芝生先生者至多，即本书体例，于援引处不敢苟且，一点一滴亦往往注明，这也是受了他那部《中国哲学史》的影响而然，亦谨于此致我甚深之铭感。

二十九年深秋，最后胜利在望之际，

长之记于嘉陵江畔

# 例　言

一、本书因限于字数，故着眼在大处，近代哲学几叙至黑格耳[①]而止，这是因为著者认为此后哲学不过是康德、黑格耳哲学之继续发挥，新的哲学体系尚未完成。故普通人对于空间上距离小的东西往往看得大些，实则对于时间上距离小的东西何独不然？历史却是求真的，不能以这种幻觉的大小为大小，所以本书便并不过分把现代放大，而对于古代，则期望还它一个真正大小了。这也就是本书之好像详于古而略于今处，但在著者是有用意的。

二、本书大致采自法人韦柏（A.Weber）《哲学史》（*History of Philosophy*）[②]，并参以他书而成。凡所引用，悉标

① 现通译为“黑格尔”。——编者注

② Alfred Weber，1868—1958，文化哲学家、社会学家、国民经济学家。德国著名社会学家马克思·韦伯（Max Weber）之弟。曾任巴黎大学和海德堡大学经济和社会学教授。本书最初用法文写成。“Weber”通译为“韦伯”。——编者注

出处。其未加注明者，即多系著者自己的见地；其未加引用符号者，即多系著者自己的词藻。

三、所有外国人名、地名，大部依商务出版之《标准汉译外国地名人名表》，除确系音译错误者外，不加更改。中国人对于译名常常缩短，实不敢苟同。凡此等处一律照词典中所注之音补足之，期能一见译名，即可略得原名之仿佛。

四、凡一般读者所不熟悉之人名、地名、书名，皆附注原文，甚或不止一次，以便读者检索原文西书。

五、年代以公元纪年为主，特有时附以中国年代，以便与中国文化演进相比较。或附或否，悉以其事关系整个文化史大小，或有无比较意义而定。

六、专门名词有加括号者，有时为醒目，有时为避免与上下文连读，有时表示其在某家哲学中有特别意义，读者读时自可了然。

七、书末附一简单书目，且略加按语，备读者循序探索，以求深入。书目以实用为主，倘所列各书一一读过，自然会跟着更有许多书要读的。至于本书草成时所实际参考者，均见注中，不另列。

八、文中附注亦有时系辨析哲学问题之某点，不只注明出处，其中抑或有值得思索者，读者幸勿跳过。

九、本书之成，费时不过月余，疏谬处必不甚少，深望贤达指正，不胜感盼！

# 导　论

## 一　哲学之性质

假如你没接触过（或刚接触）哲学，你一定最容易提出一个使一切大哲学家都感到棘手的问题，这就是：什么是哲学？

这个问题，在初学的人最容易提出，但研究下去，却又最会把它搁置；只有待另一批初学的人来问自己时，才又觉得很窘，才又忆起先前也曾使别人棘手过，并没曾得到过满意的答复。

这并非因弄哲学的人本领都差，所以弄不出一个定义来；也并非因为哲学这门学问不行，连个确切的定义也没有。

原来哲学这门学问，有三种特殊精神，使它不容易有满意的定义。第一，哲学根本注重的是推理过程，而推理结果次之。“哲学”一词最初的使用，是见诸波斯王克里萨斯（Croesus）和希腊立法家梭伦（Solon）的谈话，那时所用的即是一个动词，不是“哲学”，而是“去作哲学的思索”（Philosophizing）。柏拉图《对话集》之引人入胜者在此，康德著作之难懂者也在此，因为他们都是赤裸裸地记录他们的推理过程的。有些人在没真正接触哲学时，他很想看哲学书，但等到真见了哲学书时就掩卷欲睡了，这都无非因为他所要的只是推理结果，而真正哲学书给的却是推理过程。

唯有推理过程，才是智慧的试金石。假若只重推理结果，则往往一个糊涂透顶的人的话，和一个绝顶聪明的人的话，便没有分别；糊涂和奥妙所以常常碰头！可是一看推理过程，则凌乱与清晰、浮薄与深入、脆弱与坚实，便判然了；于是鱼目遂不得混珠。幸而哲学家注意到这一点，否则哲学史将为糊涂人的糊涂话所充满了！——糊涂人最爱谈自以为是哲学的“哲学”。就哲学西文的字源讲，是爱“智慧”之意，现在可以更加足这意思，乃是爱“推理的智慧”之意。

因爱推理过程，轻推理结果，所以真正哲学中很少有一批批的定义。并且甚而对“哲学”一词的定义，也索性吝而不予了，这真是对初学的人不住的；——对第一问先浇了一头冷水，所以无怪乎学哲学的人不多了！

第二，哲学的另一特殊精神，乃是重系统。世界上再没有比哲学更重系统的学问，也再没有比哲学家更爱系统的人物。

孔子说“吾道一以贯之”，这就已经表明了他有大哲学家的资格（孔子的确是哲学家，他临死时并自称为“哲人”）。因为重系统，所以一字一句，往往必须就整个系统中去看才有意义。哲学家最不爱由你凭空采取他一言半语去利用，同时他也最不爱由自己抽出一言半语去答复别人。因为如此，所以倘若一个初学者要他很简单地解释哲学是什么时，他自然觉得大费踌躇，而且很棘手了。倘若说简单了，他自己先不满足；说得细了，初学者又不易领会；这便是他的难处。

第三，哲学更有一特殊精神，就是学说每每有人格的背景，这是和物理、化学、地质、生物迥然不同的。在这点上，哲学有似于艺术。哲学之能灿烂光华，之能有丰富内容，之时常引人入胜、欲罢不能者都以此。只因为这种人格的背景之故，各家哲学便都有了独得的推理过程和独得的哲学系统，倘若你忽视创造某哲学系统者之人格时，你便将对这种哲学系统没法领会，即领会也是浮薄而不深入的。因此，那一字一句，就又不只要问它在某一种系统下的意义了，而且须问那是在某一人、某一家的系统下的意义。所以，假若哲学可以有定义时，也是有好些定义，而每一种定义，又必须把它背后的系统及创造者之人格，弄透彻了才能了然。但这岂是三言两语就行的？这是为初学者想下一适当定义之另一难处。

虽然因为哲学有这三种特殊精神（重推理过程，重系统，带有人格背景），所以不易为初学者下定义，但假如你真能把握以上这三点，也许你见了是哲学的，就已经不会交臂失之，见了不是哲学的，也不至轻易许以哲学之名了。什么“少谈主义，多谈问题”，什么“不只在说明世界，而在变革世界”，什么“为一切科学之综合”……这许多说法都和真正的哲学不相干。假如你读的哲学书（是名著而不是流行的小册子）多了，你又自然可以渐渐尝出什么是“哲学味”来。就像诗是什么？很不好答；但久读诗的人，却自会辨出诗味之厚薄有无来。

常有人把哲学和思想相混，但二者并不同。有何不同？正可用上面所说三种精神验之。又有人常把哲学和文化相混，但二者也有距离。距离何在？也可用上面所说三种精神验之。一个在思想史上有地位的人，不一定在哲学史上有同等地位；一件在文化史上有意义的事，不一定在哲学史上有同样意义。明乎此，才不至向哲学史中妄加索求，以致失望。

## 二　哲学史之领域课题及其价值

哲学史一方面不同于一般哲学书，另一方面也不同于一般历史。

哲学书包括哲学家自著的书和关于哲学家的哲学的书。哲学家自著的书，只在说明一家的推理和推理所得，其中个人色彩自然很浓，这种书读去是栩栩如生，往往虽则一脔一滴，也像顶上等的佳肴美酒一般，其味无穷。真要作哲学家，或真要在哲学里尝点滋味，自以读这种书为最值得。

关于哲学家的哲学的书，无论如何好，不会像原著同样详尽，至于“神理气味”，更不知冲淡多少，损失多少，歪曲多少了。不过也有一个例外，那就是假若写这种书的人，也是一个哲学家。但这种“例外”却极不常见，常见的乃是一些不三不四的末流读物，讲他人哲学而失了原样，既无光彩，又无色泽。这种书真是以少读（最好不读）为佳了。

哲学史是讲别人的哲学的，自然不同于头一类哲学家自著的书。那么，它有点像第二类无聊的关于哲学的书了，但又有很不同处，这就在它所负荷的历史的意义。它不只在说明种种哲学，而且在说明这种种哲学之有机的发展线索，同时，它又不只注意在哲学本身，而且顾到哲学的外围，这就是它要问哲学的发展是在什么样的地理历史环境下进行的，以及又如何扩散出去，影响了其他文化诸部门的。因此，哲学史有它特殊的课题，虽以哲学与历史学为凭借，可是它却不限于哲学和历史，同时也不能以二者代之了。因它有独立的存在价值，所以与只是附庸于哲学，而讲关于哲学的书，便大不同了。不过，无论多好的哲学史，却决不能代替哲学（那是只有哲学家的著作才能代表），这一点，必须认清。

真正的哲学史，应当对于凡和哲学发展有关的一点一滴的事都不放过；它所注重的，应当是这些事之背后所代表的内在的意义；它应该寻出某一种学说之最早的发明者，以及此后发展之最清晰的轨迹；它应该确切检定出某一种学说都是吸收自何种成分；最后，哲学史的著者更应当对整个的哲学演进有一个动力学的解释，以指明决定演进的因素究竟何在，换言之，它应该有一个深入的、形而上学的史观。本书为篇幅所限，为写给初学的性质所限，尤其为著者才力所限，自然不足语此。但真正的哲学史所要求者如何，却似乎应当在这里告诉给读者。

哲学史与一般的历史却又不同。一般的历史是以政治经济的变动为线索的，但政治经济上的浪潮之起伏，殊不必与哲学思潮上之高下相凑拍；例如在希腊政治上到了颓势了，哲学反而发达到了顶点；因此，对于哲学史的处理便与对于一般历史的处理有出入了。第一，二者划期不必完全相同；第二，二者所用的范畴也不必完全一致（正如文学史上的初唐、盛唐、中唐、晚唐，就是文学史上的范畴，自有其文学史上的意义，与一般历史不必相关一样，在哲学史上亦然）；第三，同一人物、同一事件，在二者的意义上更不必完全相符，在一方面意义很重大者，在另一方面也许极轻微；第四，一般历史重时代先后，哲学史则更重思想系统，其重要确视时代先后而过之，因此，在哲学史中未必没有从一般历史上看来是次序颠倒了的事，换言之，此即一般历史上的先后是纯乎时代的，而哲学史上的先后，则须兼为逻辑的。

所以，哲学史不同于哲学，也不同于一般历史。它自有其领域，自有其课题。它又像所有其他学术一样，可以不必问研究了有何好处，而自有其独特的存在价值。但是，虽然可以不必问有何好处，却仍不碍果有些好处。例如，至少它像一般哲学教育的功效一样，可以使人少所武断，多所保留，亦即对知识更爱好些，更虚心些。其次，它扩大了人的视野，使人多所宽容；说不定因为研究哲学史，民族间彼此的了解加大加深了，心理上的距离便可以缩短，国际间的仇恨或者可以减少。（目前正在进行着的第二次世界大战的原因之一，还不是因为民族间心理的距离太远了么？）

## 三　西洋哲学史之内容

一部完全的哲学史，应当是世界的，至少也应当包括西洋、印度和中国。现在这本小书，却是以西洋的哲学为限，正如书名所已指明的；但是说真了，也还不能概括西洋哲学的全部，却只是欧洲几个国家的哲学而已。

不过，欧洲这几个国家的哲学，自古代希腊发展到现在，却已经确乎成为一种有机的一贯的整体了，这是和印度哲学、中国哲学一对照，便立刻见出它是确乎另具一种独特的面目，值得专述的。

以中国人的文化教养而去看西洋哲学时，有五点是和我们的口胃格格不入的，然而这五点却又确乎是作了西洋哲学的神髓和传统的。这五点是：一是“神”的观念；二是“全体性”的观念；三是“绝对”的观念；四是“善”与“恶”相矛盾，而又承认其应当并存的看法；五是战斗的色彩。这五点几乎是在中国哲学里所绝不容存在的，然而在西洋哲学中，却正弥漫了任何时代，笼罩了任何哲人。

因为它和我们的看法有如此的距离，所以倒有仔细探究的必要了。况且我们现在所急需的，是要建设一个现代化的国家，现代化其实就是西洋化，也就是在各方面要达到（西洋文化所一般达到的）水准，那么，我们自不能不寻一寻西洋文化的核心和源头——西洋哲学了。

也只有对照了西洋哲学，我们才可以反省出自己的优长究竟何在，以及弱点何在来。闭门谈文化，向壁谈国故，便往往有视腐朽为神奇的危险；同时真是精华之所在，也或者竟熟视无睹，反以为糟粕了。西洋文化的各部门，因为经过近代科学的洗礼，所以都已趋于明晰和条理了，我们却有许多方面，都还没到澄清泥滓的地步；因此，单就方法言，我们应当借助于西洋学术者已经多极，哲学不过其中之一而已。——以上也便是学习西洋哲学史的几个重要意义。

普通对于西洋哲学史的划分，大都为三个时期。一是上古时期，其中主要的是希腊哲学，包括公元前六二五年（即中国周襄王二十七年）至公元后四七六年（刘宋废帝四年，此为旧罗马灭亡之年），有一千一百零一年的历史。二是中古时期，即所谓“中世纪”，其中主要的是经院哲学，包括公元四七六年至一四五三年（明景泰四年；此为新罗马——君士坦丁堡——陷落之年），有九百七十七年的历史。三是近代，凡近代主要的哲学活动都在内，包括自一四五三年至现在（一九四〇年），有四百八十七年的历史。但现在我要根据时代精神的划分，稍为改动一下。即上古时期断至亚里斯多德[1]之死，即公元前三二二年（周显王四十七年）为止，那么，大

① 现通译为“亚里士多德”。——编者注

体上便可说有了二千五百年的历史之西洋哲学，头三百年属古代，次一千八百年属中古，后五百年属近代。最活跃、最丰富的是近代！

这三大时期的不同点，主要是在世界观的不同和心理上态度的不同。古代人的世界观是有限的，他之重视客观界（即宇宙）是过于主观（个人）的；近代人的世界观则是无限的，乃是重视主观有甚于客观的。至于中世纪，则只是一方面作了前一时期的传统之继续，另一方面又作了后一时期的思潮之潜流而已。各别象征了这三个时期的人物，便是柏拉图、但丁和歌德。

在下面各章里，西洋哲学史的幕次第揭开，请留心瞧那些名角的登场！

# 第一篇　希腊哲学

# 第一章　作为西洋哲学之摇篮的希腊

## 一　优美的天然环境和勤苦的活泼山民

古代希腊是多么使人向往的地方！她已不只是一个地理上或历史上的名词了，却是一个在文化上富有了象征的意义的形容词。有多少人拿希腊作了自己理想的寄托，有多少人把希腊指为人类美丽的梦幻之实境。

古代的希腊，比现在大得多。她几乎包括地中海所冲刷的一切海岸和岛屿[1]。希腊的地形，颇像一只手的骨骼，那弯曲的指头便在地中海里向右伸着，这就是克里特岛（Crete），或者叫做干地亚（Candia）的。东面渡过爱琴海（Aegean Sea），

---

① 据瞿世英译：顾西曼《西洋哲学史》（H.E.Cushman，*A Beginner's History of Philosophy*），卷一，页三（商务版）。

是小亚细亚（Asia Minor），在柏拉图时代以前，这里是商业和思想都十分发达的所在。西面渡过爱奥尼亚海（Ionian Sea），先是逢到宛然斜倚在海中之宝塔的意大利，再西便是西西里（Sicily），更西便是西班牙，这在古代都是希腊的殖民地；一直到尽头是直布罗陀海峡（Strait of Gibraltal），那时叫“勇敢之神赫尔丘黎斯[①]的巨柱”（Pillars of Hercules），因为风涛险恶，为古代航海家所望而生畏。北方则是一些未开化的地方，其中包括马其顿（Macedonia）等[②]。

希腊的天然环境，没有什么变更。虽然现在没有荷马了，没有柏拉图了，但那美丽的山川，依然是荷马、柏拉图时的山川。希腊地方，诚然不大，但世界上再没有比她更美丽、更多变化的了。假如你从她的西北部向南旅行，你走不到几里，便会在穿过许多葡萄场之后，在那荒径深谷间，一会儿是在山麓上饱览那葵花、野菊和水仙，一会儿是在田野里饱览那杏花、蓝鸢尾花和红石榴了。假如你走到南方斯巴达的山涧，你又可以看到熟好了的橘柚和银灰色的橄榄树，闪烁于微风丽日之中；倘若你一抬头，你还可以见到泰基塔斯山[③]（Taygetus）顶

① 现通译为“赫拉克勒斯”。——编者注

② 据W.Durant，*The Story of Philosophy*第一章第一节。

③ 现通译为“泰格图斯山”。——编者注

上未消的积雪。在科林斯海湾（Gulf of Corinth），是比碧琉璃还深些的靛蓝一片。那附近的山巅上，同样有常年不断的雪景。

希腊地方是富有各种颜色的，而尤以雅典附近的阿提喀山（Attica）为最。那平时是像秋日的枫叶样的紫色和金黄色的，到了日落时便变为粉红色或者玫瑰色，在月光之下，却又变为深深的碧绿色了。假若你在雅典附近散步，你犹然可以看到柏拉图建学园时所据有的橄榄林。

在希腊一走，总令人不禁起一种怀古的幽情。因为你会时而望到古时的残堡，时而逢到古庙的断柱。你在雅典的郊外，还可以常见到乡间的牧师，长着长长的黑须，在高高的大圆帽之下，绾着头发；小学生的帽子上都带着雕有猫头鹰的纽扣，因为那是象征智慧；兵士是穿着阿尔巴尼亚式的围裙；牧人便披了蓬松的不曾染过的皮衣，荷着枪，拄着拐杖；农民则向市集赶着羊群。

希腊的气候非常好，很少有急骤的变化。所谓变化，也只在雨季与非雨季之间而已。春天是极短的。在阿提喀一带，一年几乎有三百天是见着太阳的。白日无论多热，清早总有一阵海上的微风吹来，黄昏又有一阵陆上的微风吹去[①]。因此，从五

① 以上据W.C.Greene, *The Achievement of Greece*, Cambridge Havard University Press, 1924, 页一二至一四。

月到九月，居民常坦卧在街头[①]。

希腊国内的河流，多半很狭小，只能行小船；所谓河流，往往在冬日便是急湍，一到夏天则成了干沟，有些河流简直一下干了，有些或者得了雨水又再现出来。可耕的地带不过像斯巴达峡谷间较平的地方，或者像雅典靠海冲积的地方，这种地方只占全国五分之一，但是全国的粮食却都仰给于此。

因此，他们过一种朴素、简易、清苦的生活。他们吃的是谷米做成的稀粥和干粮，喝的是掺了清水的淡酒；肉鱼很少佐餐。倘有橄榄和沙丁，却也就可以过一天了。橄榄树在他们很宝贵，因为这是油、肥皂、烛光之所出。铁锄只是在很晚的时候，他们才知道用，但直到现在他们还多半用木犁，一如荷马之时。

他们常住在户外，因为既省钱，又风凉。他们全部衣服不过一双草鞋，一件宽衣，一件外套；最常见的是赤足露顶，踯躅在街头。房屋是狭隘的，常是透风。其中往往只有一床、一柜、一灯，还有许多花瓶，这就是全部家具。四壁也没有装饰，只刷一刷石灰，也就算了。在希腊所谓盛时，就是最富贵人家的房子也不过是太阳烘晒的土墙；那主人只有睡觉在家里

① 据陈建民译：塞诺博《古代文化史》（C.Seignobos, *History of Ancient Civilization*），页八〇（商务版）。

罢了，间或在家里待朋友饭，其余时间却都消磨在户外、田间、市集、法庭、剧院和习武的广场。私人孤独的生活只是生活的一小部分；苏格拉底有不善管家之称，这就因为他整日在雅典市上漫步呢。

他们的生活相当苦。这情形即在荷马堂皇文辞中也不能掩饰，奥地塞的宫殿，不过大一点的农人的小房，公主瑙息喀（Nausicaa）也还要在家里洗东西。生活苦虽苦，却也有它的乐趣。他们很知足，诗人希西阿特[①]（Hesiod）便说："有一半是比全有强"（The half is better than the whole），政治家梭伦更说："生活单纯而思想高深"（plain living and high thinking），原来他们是另有重视的所在的。

他们的乐趣宁偏重在自然的享受上，更其在人与人间之平等关系和温情上。他们极热心的是公民应有的权利和义务是什么，艺术与文学的运用如何才算恰到好处，以及如何发现同辈人的缺陷而开一开玩笑。他们没有神经受震荡的事件，也没有现代人的奢侈，但是他们有清淡的饮食、硬朗的体魄，对事有单纯而直接的看法，并有很多健康的社交往还。

像他们的天气之凉爽而透明一样，他们是既活泼而又清醒

① 现通译为"赫西奥德"。——编者注

的山民。亚里斯多德（Aristotle）曾说欧洲寒带的人很精勤，但是笨拙而没有智慧，亚洲人灵巧而聪明了，但是没有活力，只有希腊人可以兼之。这话有几分真实。只是他们的生活太苦了，不但谈不到舒适，简直到了困乏的地步。他们必须下力，否则就不能糊口，因此在农业之外，只好以工商业为辅，甚而被迫从事战争和海盗的生涯，最后，只有向国外殖民；命中注定是要把希腊文化向广远处散布出去了①。

## 二　黄金时代的希腊人之精神生活

假若说古代希腊这个“地方”值得人神往时，或者古代的希腊“人”之值得神往更过之。

在以利害打算为事的近代人，处处机械板滞惯了，只为金钱而不为事情本身惯了，对希腊人的生活，大概总不免有一层隔膜，希腊和罗马正好作一个对照，“去了解希腊，不管她的经济关系是可以的；对于罗马，却只有从经济关系上才可以了解”②。罗马是更近于近代人的！

---

① 以上据Greene书，页一七至二〇：陈译《文化史》，页八〇。

② O.Spengler，*The Decline of the West*, Trans. by C.F.Atkinson, *London*, 卷一，页三五。

希腊人很少想到钱。一直到了公元前七世纪，才有铸币，以代替“以物易物”。作为近代商业基础的信用经济，他们是作梦也想不到的。未雨绸缪的储蓄，他们也从没有过。倘若偶尔有不劳而获的话，也往往顷刻挥霍而尽。最奇异的是那财政制度：在公元前五世纪的时候，雅典地方海军的建设、剧院的兴造，都是靠富人及志士们的乐输，税收却只是最后必不得已的一途。富人们每觉支持政府乃是一种责任和乐趣；他们所情愿捐助的，或者比倘若强迫了时多得多呢！

希腊人愿意把一切事看做是兴趣的、自发的，而不愿意看做是职业的。他们极有“好事者”[①]（Amateur）的精神，工人不以工人自居，却觉得是艺术家：艺徒所首先想到的是成绩而不是报酬；所谓行会也宛然是现代研究或观摩的团体，决不在其中商量价钱。只消看希腊人的瓶子，那只是日用而不是为博物馆的陈列的，但却没有两件是雷同的，其中有忠实的匠心和自由的个性在。他们宁愿出品不多，但一有出品，就希望其至善至美；他们永远是看重“质”，有过于看重“量”的。

在希腊人，兴趣是一切；任兴趣而超利害，这就是希腊精

① “好事者”一词源出《孟子》，但为后世美学家如张彦远、米芾等所用，其意义极相当于西洋所谓Amateur。

神。他们重视闲暇，有时为得闲暇，不惜辞富居贫。他们有孩子气，所以当梭伦游埃及时，那埃及的老僧对他说："你们希腊人不过是些孩子呢"（You Greeks are but children）。他们也以童年为最可欣取，在柏拉图以前，可说绝无赞美老境的。

他们的兴趣又是多方面的。对于健康和体魄的价值，他们有正确的认识。因此过他们的空暇，在晚间就是和朋友们吃饭、聚谈，在白日就是在户外运动了。希腊人的体育，原有宗教性。优胜者所获的奖励只是圣树上的花圈，以及让雕刻家泡力克利塔斯（Polycletus）雕一个像，或者诗人品答[①]（Pindaros）赠一首诗，这便是无上的光荣了。体育也兼有军事训练之用。由于体育，让希腊艺术不至于流入闺阁气、脂粉气；但同时希腊人却又有音乐（实际是包括一切文艺和艺术的陶冶），使他们的野性美化，好不至于只求力量了，而损伤了优美的形式和雅致。那公元前五世纪的体育家雕像，永不曾破坏了英武和优美之调和的，应当视为实录。希腊的雕刻注重全身，决不牺牲四肢线条之美，以迁就面部[②]。这也见希腊人美

---

① 现通译为"品达罗斯"。——编者注

② 据陈译《文化史》，页一三六。

感的健全处。在希腊盛时，总是崇拜“好事者”，崇拜身心俱健的完人的。

宗教是希腊人体育的动力，却也是希腊人戏剧的动力；原来运动和戏剧都源于娱神。在雅典，一年有两个戏剧节，每一个节都有好些天的工夫。这是轰动全城的一件大事，不到天明，观众已去守候，全剧场可容十七万人。为不使穷人向隅起见，在名政治家伯里克理斯[①]（Pericles）当政时，特批有专款，让人免费观剧。观众看得高兴了，可以鼓掌喝彩，否则也可以把演员喝下去，甚或报以老拳，并要求赶快换演下出。剧场是露天的，观众和演员相当远，可是演员必须卖力气，他的动作和道白倘或有错，就马上为观众所指责。观众的趣味很高，注意的是戏剧家如何处理那剧情，以及剧词、音乐和动作。他们很锐利地注视着。因此，演剧也是一种竞赛；——希腊人永远是爱竞赛的。剧和运动都同样是民族性的，是希腊人共同的教育和共同的理想之所自。

希腊人因为任兴趣，有孩子气，样样事情都想一显身手，遂成为一个多才多艺的民族，一个人往往兼多方面的才能。他们的生活是先求其为“人”的，只有在次要的意味下才求其为

① 现通译为“伯里克利”。——编者注

专业的。因此，希腊艺术家与思想家经验之丰富、才智之干练，超过于任何民族。也就因此，希腊的文艺最富有普遍性，这一半是由于环境，一半也是由于天性。这是他们生活虽苦，但总不肯在生活需求之外有所贪婪，因而换得空暇，换得发展自己兴趣的自由而然的。

希腊人是全人！这让我们时时感觉到。美与善在他们是合一的，他们的美学（Aesthetics）就是他们的伦理学（Ethics）。一种行为而鄙野、乏味，是和一种艺术而破坏了民族之完人的理想，同样为希腊人所不喜的。希腊的艺术是全民族的，无所谓艺人的特嗜；艺人重技巧，但是他也和希腊一般人一样，更重者乃是内容。艺术不为艺术而存在，但也不为道德信条的奴役而存在，艺术却以生活的一部分而存在着。希腊人的生活之任兴趣而超利害是艺术家式的，希腊的艺术家却又是深入于生活的。

希腊人的趣味在于人间。他们的诗人，像荷马吧，纵也描写自然，但只以自然是人类生活的背景之故而已。苏格拉底说："田野和树林何尝教给我什么，我的学问是得自人间"（The fields and the woods have nothing to teach me; I learn my lessons from man）。诗人品答也写道："不必要作一个宙斯神……'凡遇'对于'凡人'就是很合适的"（Strive not to be a Zeus. …… Mortal aims befit mortal men）。希腊人或者说"人为万物之尺度”，或者如柏拉图一派人所说由于修养，人类心目中便也可以产生一种和外界神性的秩序相当的小宇宙（microcosm），这便都是以“人”为经验的中心的。他们文艺中的脚色，既不描写作怪物，也不描写作死人，却只是平凡的活泼的人间。不过凡是缺陷的，偶尔的成分却要除掉的；凡所描写的就是典型的、完美的。用术语说，即“普遍”借“特殊”表现而出。

希腊人的美感极发达。他们的大政治家伯里克理斯说：“我们是美之爱好者，但我们的趣味是淡雅的；我们陶冶性灵，但我们也不让失却丈夫气”（For we are lovers of the beautiful，yet simple in our tastes；and we cultivate the mind without loss of manliness）[①]。希腊艺术又善于简净和约束，这更增加了她的美——高贵的美。希腊人在这种地方的优秀，或者只有中国人可以与之比拟。

钟嵘在《诗品》里说：“观古今胜语，多非补假，皆由直寻”，“直寻”（directness）二字可说明希腊艺术的真谛。仔细的观察和忠实的记录，这就是一切。换言之，希腊艺术彻头彻尾是感官的、造型的、写实的。希腊的艺人决不用曲笔，却只写事实，让事实去说明自己。希腊诗人也说花，但说花就是

① 见H. Gardner, *Art through the Ages*, 第七章引。

说花，决不用来象征女性。他所把握的，都是具体而确定的外部的形象，但他也决不作超过这个能力的企图，因此，他们比现代艺人的成就要大些了。

因为注重写实，遂无暇表露自己，所以希腊艺术乃是所有艺术中最不带个人色彩的。

希腊人之惊人的艺术才能，尤其表现于建筑。那美却不在其细微处，而在整个结构的比例上。只有很精确的测量才能发现那些建筑家的匠心；一个庙的宽度和高度，以及柱子的数目，都是经过思考，以配合那整个建筑物的韵律的。这里不只是艺术了，也还有科学！

希腊人爱社交，也爱自由。离群索居的生活，他们过不来；就是农人也爱聚居为一个村庄，哪怕离耕地很远。他们永远爱谈说，爱讲故事和笑谑。基于爱群，他们的政治观是觉得国家在逻辑上先个人而存在的；他们对于国家的向心力比现代人强。可是他们自始是自由的战士，个人权利所关，在所必争。亚里斯多德说："希腊人是不愿意被唤作奴隶的，奴隶之名要限于用给野蛮人"（Hellenes do not like to be called slaves，but confine the name to barbarians）[①]。在希腊文和服从（obey）相当

---

① Pol.1255a.

的字是peithesthai，原意却只是被说服（persuaded）。个人与群各得其所，这是希腊人的又一种成功。

财产是工具，但常容易成为人类的主人。希腊人对这很了解，所以总置经济于政治之下。他们是先注意一个人之所以为人，其次始注意其为一个生产者。

希腊人的道德观也有其特点：第一，他们的道德感内丝毫没有近代人那种不舒适的意味：第二，他们觉得个人的伦理理想不过是政治理想的一个特殊方面——希腊人所谓“政治”是指个人有兴味参加而又有责任感的“群”的生活；第三，他们的道德感中颇富有理智的色彩，亚里斯多德所谓折中之道（Aristotle's theory of virture as a mean）便有数量的意义，其意义正如希腊雕刻和建筑中所有的数学的比例及和谐然；第四，他们的道德观与其政治观念相联系之切已大过于与其超自然的宗教关系[①]。

希腊的宗教，是像一般民族的一样，经过了种种演化的。先是拜物教，后是多神教；先是地方神，后来慢慢有了神的谱系（theogeny），变为一个系统的神；先是神有种种残暴奸诈的秽德，后来却慢慢为诗人所美化，为哲人所修订，而逐渐趋

① 本节至此多据Greene书第四章至第八章，而以己意融会穿插之。

于完美、纯粹。但能代表希腊人的精神的，却是这些神的人间性。希腊人认为神只是些美丽而有人性的生物，男神即美男子，女神即美女子。神虽然长生，但上阵时却一样受伤的。神也有家庭，神也犯人间的错。反之，希腊人逢到超群出众的人，特别是修伟美丽的，也有时不免以神视之[①]。这都是希腊人的可爱处，因为他们太爱人间了，所以神也人间化；又因为他们太爱理想了，所以人间也神化。

总之，希腊人的精神生活虽有不少变动，古今来的学者去理解所得的也很不一致，但希腊人叫我们歆羡神往的优长太多了，他们超利害、任兴趣、有审美的艺术家之为一事必求其"止于至善"的气分；兼之才智是多方面、而精勤、而健朗、而毫不偏枯；他爱个人自由，但却同样爱群体；他爱神话，但却更爱人间；无怪乎吸引了温克尔曼（Winckelmann），无怪乎吸引了歌德！它曾经是欧洲文艺复兴的原动力了，但不知道是不是也可以作为"中国文艺复兴"[②]的"接触剂"（catalyzator），由它而使中国过去的伟大精神也有一种觉醒和光大呢！我热望着，或者这样的日子并不再远！

---

① 见陈译《文化史》，页八九至九四。

② 参看本书第一篇第三章第三节注六（本书第七十三页下注②）。

## 三　希腊人的世界观之限制

荀子说："庄子蔽于天而不知人"（《解蔽篇》），以庄子那样解放的人还有所蔽，可见"蔽"是很难免的。希腊人也有希腊人的蔽，而且蔽很多。

在地理上，由于那些起伏不绝的山岭，先把希腊切断为许多隔绝的地域了；——这是希腊永远限于市府政治（city-states）的根由。对波斯大战，也并没有促成一个市府的合作，由合作而成一个大国。他们的地域观念，是永远让他们不能越雷池一步的[①]。他们所谓公民，也永远不会成为属于世界的，却只限于希腊市府。即便在柏拉图，他的思想也从不出希腊世界之外；他的人道主义，便明言是不能适用于外邦敌人的[②]。——雅典者乃是一个排外的集团[③]！

希腊人喜欢"能把握而确定"的东西，市府政治是这种精神表现的一端。假若从适应和发展的观点去衡量，希腊的市府政治实在不能让人全然赞美。希腊市府在事实上是到了不能生

---

① 见Greene书，页四三。

② 见Greene书，页二〇二。

③ 见陈译《文化史》书，页一一二。

长和应变，必至牺牲其自己的地步了。它的公式，只是“单细胞式”的（unicellular）[1]。希腊人对于奴隶，也视为当然。所以在希腊政治中“自由”虽有，但是没有“平等”。

希腊人在艺术上的造诣，也限于感官的、具体的而止，像罗丹（Rodin）所取材的“思想者”（Le Penseur）那样抽象的、偏于精神的题目，希腊人是不会有的[2]。

希腊人的道德观，则亦止于“人本主义”（humanism），而不能成为广泛的“人道主义”（humanitarianism）。

甚而希腊人的数学也是具体的，“数”只是可计量的“大小”，所以才发展了欧几里得式的几何学，以及计量的静力学。近代人则不然，“数”的观念乃是一种“函数”（function），一种作用，一种变动不居之物了，所以便发展了解析几何、微积分和动力学。希腊人也不知道用“时间”这个因子（time-element），甚而并不感到没有它之不方便。可是近代人则千分之一秒也要考虑上[3]。

原来希腊人的世界观是“有限的”（finite），他们所谓宇宙（Kosmos）乃是完整自足的，而不是成长不已的。在希腊

---

① 见W.S.Ferguson，*Greek Imperialism*。

② 据Greene书，页一一〇。

③ 据O.Spengler书，卷一，页一五。

人的世界意识里，无所谓辽远的距离，他们的史家也只以记身边的近事为事；对过去如此，对将来亦然。埃及的柱子是石头的，希腊多立斯的柱子（Doric column）就是木头的，因为希腊人想不到永久[①]。

希腊人一般的长处，固发挥于其哲学；但希腊人一般的“蔽”，却也使他们哲学的发展有一种止境。这真是无可奈何的！

## 四　希腊哲学之民族的背景

我们所谓希腊人已非土著，他们乃是由北方迁入的；他们之所以南下，是受了“更北方”的蛮族的压迫[②]。这些民族是印度欧洲的游牧民族（Indo-European Nomands），原住在中亚细亚，侵入希腊的时候，当在公元前二千年[③]。

希腊人中有所谓多利亚人（Dorians）的，是指由北方迁来而驱逐所有平原上或伯罗奔尼撒（Peloponnesus）岸上的土人的民族而言。因为离海远，与外来民族很少往来，所以最能保持原始希腊的精神：能吃苦耐劳，喜尚武习兵。斯巴达即是多

---

① 据O.Spengler书，卷一，页九〇。

② 据Greene书，页二七。

③ 据H.Gardner，*The Art through Ages*，第六章。

利亚种。

另一种人是爱奥尼亚人（Ionians），指阿提喀诸小岛及亚洲沿岸的民族而言，他们因为靠海，多半是商人或水手。他们和东方诸文明民族的接触最多，所以是希腊民族中最文明的，同时也可说是最不希腊的。雅典人就是这种人的代表。

不属于这两种人，实际上却是占大多数的，则有一个颇为笼统的名词，这便是叫做伊奥利亚人（Aeolians）的。

因为希腊本土谋生不易之故，希腊人遂向外拓殖，希腊的许多名人，便多半是殖民地的人物。像荷马、亚里斯多德、阿基米德（Archimedes）等等都是[①]。

殖民是爱奥尼亚人的擅长。在公元前七世纪，欧、亚、非三洲的商业，几乎全操之于爱奥尼亚人之手。殖民地中最富饶的，尤推小亚细亚西岸的米利都（Miletus），这里可称为希腊科学和哲学的发祥之所。

大体说来，希腊最初的宇宙论哲学，多在各邦；希腊后起的人事论哲学，多在本土[②]。

就宇宙哲学言，爱奥尼亚和多立亚精神的不同，更表现于万

---

① 据陈译《文化史》，页八四至八八。

② 瞿译《哲学史》，卷上，页三、七、九。

物起源的问题，亦即“生成”的问题（the problem of becoming）上，在前者所持的是唯物主义的泛神论（materialistic pantheism），在后者所持的是精神主义的泛神论（spiritualistic pantheism）。受了后者影响了的当时意大利的哲学家，表现得尤为分明[1]。

希腊哲学的思潮，可说先是从小亚细亚、米利都掀起的，由是而卷入意大利，最后才转入雅典，亦即希腊本土，在米利都掀起的时代，其前亦必有一段很长的发展历史，这是由爱奥尼亚学派之大胆的假设而可推知的，但其详已不可考。总之，当是受惠于亚洲、加尔底亚（Chaldia）和埃及的科学者极大，其关系之重要，恐只有中世纪阿拉伯学派之影响于基督教者可以拟之[2]。

这些事实，都是想了解希腊哲学的人所不容忽视的。

---

① 据A.Weber，*The History of Philosophy*，Trans.by F.Thilly，页五。

② 参考Weber书，页四，脚注二。

# 第二章　宇宙论时期

## 一　人类对宇宙予以哲学的解释之第一次企图
### ——米利都学派

希腊哲学的初期，可称为宇宙论时期，因为这时所讨论的多半是关于宇宙生成的问题。这时所谓宇宙，又颇相当于后世所谓“自然”，因此也叫作“自然哲学时期”。时间包括自公元前六二五年至前四八〇年，有一百五十年光景，公元前四〇八年是希腊海军战败波斯的一年，这时是中国周敬王四十年，孔子已经七十二岁了，也就是孔子逝世的前一年。公元前四八〇年是希腊历史的一个转换点，自此以后，希腊文化达于极峰，在思想上亦渐入于反省、批评的时期，同时人们对于宇宙问题的趣味渐淡，对于人事问题的趣味反浓了。所以在哲学史上便以这一年作为两个时期的分水岭。

当希腊人发觉他们的神不过像一般作着错事的人一样的时候，旧的宗教传统便不能尽满人意了。从此而宗教遂有了修订，哲学便也散播下萌发的种子。

原先是嫉妒人间快乐的诸神，到了荷马的手里，便已经变为“青年希腊”之生命力充溢的、多才多艺的、好起争端的反映的诸神了，这是公元前七世纪的事，后来到了品答、爱斯启拉斯[①]（Aeschylus）、索福克里斯[②]（Sophocles）的手里，神们遂一变而为聪明与公正的，这乃是“成年希腊”的产物了，时候在公元前五世纪左右。随着这宗教观念之“质”的演变，其中也伴有一种量的“演变”在——这就是由多神主义而渐倾向于一神。

基于一种一元论的本能（monistic instinct）——在希腊人美善合一的观点下，对一切都要求统一性，那时在神学上开始问：神中最老的是谁？这些神从共同祖先传下来后，彼此都是什么辈行？这种理智色彩的问题之提出，也便是哲学的思索之发端。

同时又有一种经验上的事实，这就是数学的普遍性和必然

① 现通译为“埃斯库罗斯”。——编者注

② 现通译为“索福克勒斯”。——编者注

性，已非昔日的神学所能措手。人们渐渐觉得似乎有种更可靠的法则在了。这时哲学上的开山人物，便也多半是反对从前那种“以人拟神”的神学的人；倘若原谅了他们的粗枝大叶的话，他们实在也是一批科学家。——科学与哲学，本有一个长时期不曾分家！

也就是当这些“物理学者”（用亚里斯多德对他们的称呼），把传统的“神”归还给寓言故事，而用原则和因果去解释“自然”的时候，哲学就诞生了。那神学上的问题，乃一变而为元质中最原始的是哪一种？别的元质，都是如何由之而生成的？神的生成论（theogonies）遂一变而为宇宙生成论（cosmogonies）。这时哲学虽似离神学而独立，但是因为脱胎于神学之故，这一种血统关系始终没有断过。所以贯通了西洋哲学史的，始终有“神”的影子，只是时代不同，就化装不同罢了。

对宇宙生成论首先开端的是米利都学派（The School of Miletus），领袖是泰利斯[①]（Thales）。米利都学派是爱奥尼亚诸学派（Ionian Schools）之一。泰利斯生于公元前六四〇年，普通认为是古代第一个几何学家，也是第一个天文学家，又是

① 现通译为“泰勒斯”。——编者注

第一个物理学家。传说他曾经预言过公元前五八五年五月廿八日的日蚀，并熟悉磁石现象，且知道摩擦过的琥珀具有吸引力。他和梭伦并称，是当时所谓“七贤”之一，可知他或者更有政治上的才能。据他说，“水”就是第一原质，“水”是宇宙的底层，所有其他诸物不过是“水”的变形：包裹了地球上下四方的都是“水”；地球乃是漂浮在这个无限大的海洋上，永远自这海中取得它所需要的滋养。这种说法自然或者是古代洪水神话的残影：但是也应当由于米利都地方靠海，天天观察海而领悟出来的。我觉得他的说法颇可以与中国《管子》上说的“水者何也？万物之本原也”（《水地篇》）相比较；只是《管子》的立场终为伦理学的，泰利斯的立场则终为形而上学的[①]，这也很难以看出中国哲学的特色，在西洋哲学史的初页，已经得到显明的对照了。

泰利斯之学，一传而为安诺芝曼德[②]（Anaximander），再传而为安诺芝门尼斯[③]（Anaxlmenes）。他们都是同乡。据安诺芝曼德说，天地间的第一原质并不是水，乃是无限的“大

① 此点为唐君毅先生所提示。

② 现通译为“阿那克西曼德”。——编者注

③ 现通译为“阿那克西米尼”。——编者注

气”（the infinte atmosphere）[1]，水是自“大气”而生，最初的动物又生自水。人就是由鱼进化而来的。个体和种属虽然有更变，但是那为个体和种属所从出的“大气”却是永不可被毁灭，也永不能被创造的。它包容一切，产生一切，统制一切。它是最初的神性；它有它自己的一种永恒的生命力。在这种世界观里头，颇可以看出一种人格的反映来。哲学永远有创造者的人格之烙印在内的。

据安诺芝门尼斯说，则万物之生成的原质乃是空气或呼吸之气（air or breath）[2]。这是比安诺芝曼德更具体的一种学说，其要点有三：有一种无限的物质，有一种颇如造型原质之稀薄或凝聚的永久运动，又有一种支配运动的必然性。

## 二　变与不变之争论

### ——主张不变论者的埃里亚学派[3]

自米利都学派兴起以后，哲学上便有了各种系统上的分化

① 希腊原字为apeiron，在英文中或译作the unlimited，此则从A.Weber以希腊人之有限的世界观推之，此译语或近真。

② 希腊字aer，pneuma，psyche。

③ 现通译为“埃利亚学派”。——编者注

和对立了。最惹起讨论的，是“变”与“不变”的问题。万物的本来面目到底是变动不居吗？还是一成不变的？或者，变与不变都对，原本是事情的两面呢？在这里便分出了三派，一派主张“不变”，一派主张“变”，一派主张也“变”也“不变”。主张“不变”的是埃里亚学派的体系（Eleatie system），主张“变”的是赫拉克利图斯[1]的体系（the system of Heraclitus）；主张也“变”也“不变”的是“原子论”的体系（the atomistic system）。

在埃里亚派看，常在的“实体”（being）是一切，变化只是表面的“现象”（phenomenal）；在赫拉克利图斯看，变化才是一切，所谓“实体”，或永久存在之物，不过是幻影；在原子论者——还有“单子论者”（monadists）——看，则永久存在说和变化说都有根据，因为，就众实体说是永久的，就实体间的关系说又是变化的。埃里亚派把变化否定了，赫拉克利图斯把变化奉若神明，原子论者却企图对变化加以解释。

埃里亚学派是创自齐诺芬尼斯[2]（Xenophanes）。他也是爱奥尼亚人而迁于意大利南部的，曾流浪各地，最后才定居于意

① 现通译为“赫拉克利特”。——编者注

② 现通译为“色诺芬尼”。——编者注

大利西南部之埃里亚[①]（Elea）；在那里，他曾招徒授业，传播学说。这时也就是安诺芝曼德在米利都煊赫的时候。

齐诺芬尼斯是一个决绝的民族神话之攻击者，他反对多神论（polytheism），而思以一神论（monotheism）代之。他说只有一个神，这个神无论在形状上，或者在思想上，既不像荷马口中的诸神，也不像一般的凡人。这个神是既不变化，也不移动的，他无需乎各地周游，也不必费什么气力，只消用他的思想，就可统治一切。人类以“人”拟神；假如狮子或牛有神，也许把神拟成狮子或牛呢！想象之事，应摒弃；却让我们只信一个无限的实体（one infinite being）吧！人类只有在“他”的怀抱之中吧！在“他”那里是既无成又无毁，既无终易也无始的。

完成了齐诺芬尼斯的神学的改革的，是他的门人巴门尼底斯[②]（Parmenides）；巴门尼底斯将这种神学的改革，乃提高为一种形上学，从此遂有了严格的一元论的体系。神既是无变易，神既是一切，那么所谓“变易”就不过是一种“外表”（appearance），一种影子了。在“真际”（reality）之

① 现通译为“埃利亚”。——编者注

② 现通译为“巴门尼德”。——编者注

中，是没有起源，也没有毁坏的。“实体”（being）是永恒的，不变的，不动的，继续的，不可分割的，无穷的，唯一的。他的论证，都开始有真正哲学的意味。所谓真正哲学的意味，就是指它有推理过程而在推理过程中表现着智慧[①]。例如他论证实体之不动，他说如果动的话，“动”只可以在空间；可是空间只有两种可能，或者实在或者不实在：如果空间实在的话，那么空间便和实体无殊，实体在空间运动，就等于说实体在实体中运动，实体在实体中运动，却就是静止了；反之，如果空间不实在的话，那么根本什么东西也不能运动，因为运动只可以行之于空间之中。所以，实体是不动的。其他辩证都类此。

照巴门尼底斯看，实体就是一个“整一的全体”（the All-One）：它是绝对的，也是自足的。它没有任何欲求，也没有任何感情。它无所依傍，因为依傍的话，就有两种可能：或者依傍实在的东西，那么就等于依傍自己，依傍自己等于无所依傍；或者依傍不实在的东西，可是依傍不实在的东西，就还是等于没依傍什么东西，所以，实体是绝对的，因为是绝对的，它就不必有所欲求了；无欲求就不会患得患失，哪

① 参看导论第一节。

里还用得着什么感情呢？他这种想法，很像后来的斯宾耨萨[①]（Spinoza）。

巴门尼底斯又说，把宇宙看作是不可分的整体，这是靠“理性”（reason）得来的，倘若只凭感官（senses），那就只能见宇宙是一些混乱的幻觉罢了。因为他排斥运动，排斥幻觉，遂觉得除形上学之外，无其他学问；除先验的推理的形上学（metaphysics of a priori reasoning）之外，无其他形上学。

像一般的希腊人一样，巴门尼底斯的世界观也是有限的[②]。他认为宇宙乃是由一套同心球形成的。希腊人每以艺术家之眼观物，所以觉得无限是不完全的，因为太没有限制了。宇宙是完全的话，便一定是完全的球形，而且一半是由可以由我们肉眼看得见的，宇宙的中心也就是这个地球自已。唯一和这种见地相反的，则是萨姆斯人美利撒斯（Melissus of Samos），他主张实体在“时间”里是无限的，在“空间”里也是无限的，后一点更与巴门尼底斯大相径庭了。

巴门尼底斯的弟子有埃里亚人齐诺[③]（Zeno of Elea），他是

---

① 现通译为“斯宾诺莎”。——编者注

② 参看第一篇第一章第三节。

③ 现通译为“芝诺”。——编者注

这一派的战士，同时也是“归谬法”（reductio adabsurdum）的发明人，辩证法（dialectics）和诡辩术（sophistry）之祖。他说只有“一”是可想象的，其他什么广袤（extension）、大小、运动和空间，都是令人没法想象的。其论证酷似其师，不过更变本加厉。例如，他论证没有运动，他说你以为飞箭在动，其实在箭到达目的之前，它必须经过空间的各点，而且必依次占有这些不同的各点，可是在一定的时刻之内，占有一定空间的一点这件事，就是静止而已；所以，那箭是静止的。运动不过是幻觉。这和《庄子》上所说中国辩者的命题“飞鸟之影，未尝动也”（《天下篇》）极类似。照他看，天地间只有实体，而此实体是不动的。

齐诺的弟子则有哥尔基亚斯[①]（Gorgias）；埃里亚学派由齐诺芬尼斯创始，经巴门尼底斯而至齐诺，再至哥尔基亚斯已三传。传到这里，却一转而入于虚无主义，连实体也否认了。他说什么也不存在。假若有个实体存在，那应当如巴门尼底斯所证明，为一永恒的。可是永恒的就是无限的；而无限的即不能受时空的限制；不受时空的限制，即不能在时空之中；不在时空之中，便是不存在了。即使退一步，实体存在，也不能为

① 现通译为“高尔吉亚”。——编者注

吾人所知；更退一步，即使为吾人所知，也不能把这知识传之于任何人。这真是一种可怕的思想！很像中国一个流行的笑话，说许多近视眼正在起劲地聚讼庙上的新匾，却有个不近视的人来戳穿了说："匾还没有挂上！"

## 三　变革的哲学家

### ——赫拉克利图斯

和齐诺芬尼斯一样攻击传统的多神教的，是赫拉克利图斯（Horaclitus）。他是小亚细亚厄费萨斯[①]（Ephesus）人。厄费萨斯在现在土耳其士麦那[②]（Smyrma）的西南。他最活跃的时期是公元前六世纪之末，是孔子壮年的时候。因为他厌世疾俗，有"好哭的哲学家"（Weeping-Philosopher）之称；又因为他的文字诘屈聱牙，也被称为"朦胧的哲学家"（Dark-Philosopher）。他的哲学极富有革命性，所以为近代尼采所喜，尼采常说一个哲学家须是一个诗人，也是一个战士；须是一个怀疑者，又是一个独断者。我想这可以说明尼采自己，却

① 现通译为"爱非斯"。——编者注

② 现通译为"士卖那"，伊兹密尔（Izmir）旧称。——编者注

也可以说明尼采所爱好的赫拉克利图斯。

赫拉克利图斯很像米利都的“物理学者”，也觉得所有的物体不过是同一原素的转化。但这个原素并非安诺芝门尼斯所说的“空气”，却是更细微、更精美的一种东西，这就是火。他所谓火，很像从前物理上所谓“卡路里”（calorie）——热素；也像现代化学上的氧气。

他说万物源于火，最后又归于火。这又颇像现代物理学上所倡所有“有机”的生命不过是太阳热力（solar heat）的转化之说。照他看，宇宙就是在转化的过程中之“火”而已，也就是一种按时点燃，复按时熄灭的永永赋有生命的“火”而已。宇宙并非神造之物。宇宙既无始，亦无终，所谓世界的终结，也不过是指万物统统复归于火罢了，但是这世界却永永会复自余烬中又重建起来。

什么休息、静止，换言之，所谓存在的“实体”，其实只是感官的一种幻觉。向同一水流中要伸足两次是不可能的；不，甚而要伸足一次也没有这回事；我们实在是，在这水流之中，却又不在这水流之中的；不错，我们决心要伸入那水里了，但是，看罢，那波浪已经离我们远去了！万物是转化的，实体由“非实体”（non-being）而生，“非实体”亦由实体而生。生与死，成与毁，一而二，二而一而已。如果不是一物，它们如何能转化呢？在这一点上，很像老庄的思想，也就是诗人李白所谓“庄周梦蝴蝶，蝴蝶为庄周。一体更变易，万事良悠悠”的思想。

万事乃是一种永远的流（perpetual flow）。可是这“流”并非平易的，却需要战斗。所谓“变化”者，乃是永远在相反力量中，亦即相反之流中的一种战斗。天上的“火”要降而为成块的物质，大地却又要上升而为火。就是在这两种相反之流中的不断的挣扎，便产生了一切动植物，以及地上有理智的生命。

相反适相成：因为病，人知健康之可贵；因为劳动，人知一睡之香甜；没有要去加以克服的恶，也就没有善，善是已毁的恶，恶是已灭的善；无善即无恶，无恶即无善；所以，善是某一程度的恶，恶也是某一程度的善，善与恶消泯于宇宙和谐之中，正如实体与非实体之消泯于宇宙和谐之中然。

赫拉克利图斯之论调，很容易走入怀疑论，由我们感官所见的事物，既常变动不居，确定而决定的知识岂不是不可能了么？然而不然，因为感官并不是获得智识的唯一途径，感官之外，却还有“理性”（reason）[①]。变中之不变，有“理性”可以知之。

---

① 希腊文为nus，logos。

人们的灵魂，是天上的火之流出物。只有常常保持和这生命之源的火接近，它才能有生气。所谓生长，就是将液体的种子转化而为干燥的呼吸之气。因此，地中潜藏的火，总是经由液体状态，于人类灵魂中而复归原状的。那最干燥的呼吸之气就构成最聪明的灵魂，可是可怜那些酒鬼却每每让他的灵魂又入于液体状态中去！人在死后，那生命的呼吸之气，或者说灵魂，便又渐渐复归于大地。

赫拉克利图斯的哲学，是变的，是战斗的，是有生命力的。无怪乎尼采爱之！

## 四　科学的世界观之初次完成
### ——德谟克律图斯

希腊之科学的世界观，是完成于德谟克律图斯[1]（Democritus），到此已是宇宙论期哲学之最高的成果。但是在米利都学派、埃里亚学派以后，到德谟克律图斯之前，还有几个过渡的人物也相当重要，这就是：毕达哥拉斯、恩比多克利斯[2]（Empedocles）、

① 现通译为“德谟克里特”。——编者注

② 现通译为“恩培多克勒”。——编者注

安纳撒哥拉斯[1]（Anaxagoras）和留息帕斯[2]（Leucippus）。这些人都可算原子论派的一系，是在埃里亚学派之主张“不变”和赫拉克利图斯之主张“变”之外，又提出第三种主张：也“变”也“不变”的。

说毕达哥拉斯，实不如说“毕达哥拉斯派”（Pythagoreans），因为关于毕达哥拉斯本人的事迹和传说，其可靠性本在疑似之间，但是他们这个好像中国墨家的宗教团体之存在，却是十分可靠的。他们之吸收当时的科学，也很像墨家。他们的势力，先是活动于意大利南部，后来才及于雅典。他们学说的出发点是数学，认为“数”是世界的原则和最内在的本质；而作为数的本质的则是“一”。“一”的意义有二：一是包括一切数的“一”，这就是“诸单子之单子”（The Monad of monads），性质是绝对的；二是居数之首，以别于二、三等多数的“一”，其性质是相对的，这只是一个“被创造的单子”（a created monad）而已。“一”与“多”之对立，是其余一切事物的起源。

他们所谓“一”，正是安诺芝曼德系统中所说的无限的大

① 现通译为“阿那克萨哥拉”。——编者注

② 现通译为“留基伯”。——编者注

气——据说毕达哥拉斯还曾一度作安诺芝曼德的弟子呢。他们又说，那永恒的“一”原是一个充实的圆球，漂浮于无穷[1]之中。只是“一”与“多”之对立，亦即“盈”与“虚”（the full and the void）之对立[2]，“盈”乃为“虚”所包，一俟“盈”为“虚”所攻入的时候，就是宇宙创始的时候了。结果就生出无数的小粒子。小粒子之彼此相异，是因为形状和数量，这些粒子又结合而为元素。火是元素之中最上等的，因为它是自四面体的小粒子构成的。宇宙的灵魂是一种只有音乐天才才可以了解的“和谐”。人的灵魂是这宇宙灵魂的一部分：死后境界的高下则按生前的生活是为神、为人还是为己而为定夺。

毕达哥拉斯派的单子论、小粒子说，是巴门尼底斯之不变说与赫拉克利图斯之变化说的一种综合，物体的外形固变动不居，作为物体之本质的却是终古如斯的。

恩比多克利斯，是西西里（Sicily）岛人，一个医学学者。他的思想是达尔文的先驱，但却也是叔本华的先驱。他提出不

① 据希腊人虽亦讲无穷、无限（apetro），但其意义为消极的，即非“有限”而已，与近代所用者异。

② “盈”与“虚”二译名，采詹文浒译Weber《哲学史》，页二九（世界版，廿三年，上海）。

变的元质有四，即气、水、土、火；这四者不能彼此转化，但这四者可以有不同的种种组合，这不同的种种组合，便是各种不同的物体之来源。至于物体所依以运动的原理，则有二：即结合的原理——“爱”，和分离的原理——“恨”。爱和恨轮流地统治着那些元素。先是“爱”把它们结合成一个球体；其次，“恨”却分而离之，这结果是海、地、大气、星辰的出现；再一步则是“爱”与“恨”斗争的时期，于是动植物和人类也因而产生了。“爱”和“恨”争，最后自是“爱”胜，于是宇宙的状况遂又复原。合久必分，分久必合，世界是命定地永远这样循环下去。这可以说是一种很原始的“历史哲学”。“爱”和“恨”虽同为原理，但二者并不平等，“爱”乃是原理中的原理，“恨”只为“爱”之必不可缺的助手；至于四元质则不过为“爱”之小卒而已。他又主张进化，他说万物的器官先是不定形的、可分离的，以后经消灭又再现，分离复结合，终于彼此协调，以适于用。初由偶然而生，终以最适而存。——此即其似达尔文处，但他觉得生存并不是件好事，生存乃是一种赎罪行为，赎那灵魂要脱离原始的球体而独立的罪。原来，灵魂是应当趁早归到原始的统一状态里去的，但却每为生殖一事所延误，因此生殖更是一种罪恶了。——这是他之似叔本华处。

他又说，人就是那球体的宇宙之缩影。四元质也表现在人身上：坚固的部分是土，流质的部分是水，呼吸是气，精神是火[①]。同时，人也为“爱”与“恨”所支配。人之所以能知觉万物，就因为他与万物有相同处，人的血是神圣的，因为那是四元质密切混合之所在，又是灵魂之所寄居故。

毕达哥拉斯派提出单子说，恩比多克利斯提出四元质说，这都一步一步和原子论接近，而安纳撒哥拉斯却进一步，更提出元质的数目不止是四，而是无数，这和德谟克律图斯的学说便只隔一层纸了，所差只是还没有完全采取唯物论的立场而已，安纳撒哥拉斯是爱奥尼亚人，居于雅典者凡三十年，和政治家伯里克理斯、悲剧家幼律披底斯[②]（Euripides）、辩者勃洛太哥拉斯[③]（Protagoras）都相友善，死在公元前四二九年。他说这些元质，可称为万物之胚芽（germs of things）[④]，其数量是永远不变的；生死也不过是元质的聚散。正是诗人李白所说“腾转风火来，假合作容貌”[⑤]呢！不过元质并非自足之

---

① 可与汉儒的说法相比较，请参看董仲舒《春秋繁露·人副天数》。

② 现通译为“欧里庇得斯”。——编者注

③ 现通译为“普罗塔哥拉”。——编者注

④ 希腊文为Spermata。

⑤ 《与元丹丘方城寺谈玄作》。

物，作用元质者是别有所在，这就是“理性”（nous）：理性乃是自有其力量，自有其智慧的。只有它是具有自发的动作、完全的自由。为世界上一切活动和生命之源泉的。理性为个体所有时就是心灵。心灵可以知过去、现在与未来；心灵为一切有生之物所共有，人之所以高出于动物，不过因为心灵能运用那更发展了的器官而已。理性不是在物质存在以后才有的；因此他所谓理性，并不等于斯宾耨萨的“本质”（substance），或黑格耳的“观念”（idea）。那么，这理性究竟是“超越”（transcendent）于万物之上，还是“内在”（immanent）于万物之中呢？他似乎是二者兼持的，他却没意识出他之自相矛盾来。

集大成的人是德谟克律图斯，他是留息帕斯的弟子，可是关于留息帕斯，我们知道的却太少了。德谟克律图斯是色雷斯（Thrace）人，色雷斯在现在欧洲土耳其和希腊北部交界的地方。原子论发展到了德谟克律图斯，是人事论的哲学已经兴起的时候[①]；他大约生于公元前四六〇年，死于公元前三七〇年；比苏格拉底约小十岁；他死时，亚里斯多德已经长成了。这时在中

① 参看本书《导论》第三节，论一般历史上之先后与哲学史上之先后之不同。

国是孔子已死，墨子正活跃，而孟子已经出世的时代。

德谟克律图斯采取安诺芝门尼斯之说，以为所有物体是同一性质的；又采取安纳撒哥拉斯之说，以为元质是无数的小分子，可聚可离，这可聚可离便是物体有成有毁的所由来。因为这些小分子是不可再分了的，所以称为原子（atoma）[①]。原子在化学性质上是相同的，不同只在大小和形状。原子有运动，至于所以使之动者则是必然性（necessity）。他反对一切目的论（teleology），也否认偶然（chance）。所谓偶然，只是说明人对于现象之真因尚未了然而已；自然界的一切事物都有原因，都是它的理由和必然性在。我们在这里，开始见到确切不移的科学精神。

因为承认有运动，所以又承认有空隙，这和埃里亚派正可以作一个对照。空隙为原子运动之条件。

由原子在空隙间之运动而构成万物。轻者上升而为天，重者下降而为地。原子之粗糙尖棱者成为酸性、苦性之物，反之就构成使我们舒适之物。灵魂是由最细致、最平滑、最巧捷的原子所成的。感觉是由物体的流出物而入于我们的感官，并刺激之而生。感觉是知识的唯一来源，所有思想无不经感官之孔

① 希腊文“原子”即不可再分之意。

道。当一切心灵的原子自身体分离时，就是死。但人虽死，原子自身并不消灭。感觉既为原子所合时才发生，故死后原子既散，感觉便也停止，“人格”便也化为乌有了。

神为比人类更有力之物，但是那不朽也并非绝对的；因神也是原子所构成，故支配神与人者却是一种更有力的东西，这就是“必然性”，也就是治理天上地下的最高、最公、最无个人色彩的律则，一切制于律则，所以我们必须欣然受之；而我们的快乐也的确于此系之。陶潜的诗道：“死去何所道，托体同山阿”；又说：“俯仰终宇宙，不乐复何如！”那唯物思想和达观态度，正是德谟克律图斯的同调[①]！

---

① 关于原子论派之详细理论，可参看朗格《唯物论史》（中国有郭大力译本，中华版）。

# 第三章　人事论时期

## 一　人本主义运动及其代表人物
### ——辩者与苏格拉底

公元前四八〇年是希腊哲学由宇宙论到人事论划期的一年[①]。此际历史上有最大的事件凡三：一是波斯战争的结束，此即公元前四八〇年事；二是伯里克理斯（Pericles）的执政，在公元前四六七至前四二八年；三是伯罗奔尼撒内战（Peloponnesian War）的发动，在公元前四三二至前四〇三年[②]。

波斯战争之后，雅典以胜利余威，成了各邦的盟主。于是

① 参看上章第一节。

② 根据《伯罗奔尼撒战争史》，应为前431年至前404年。——编者注。

以殖民地米利都等处为中心的文明，便渐渐移入希腊本土雅典来了。这是希腊历史的新页之开始。伯里克理斯是最贤明的政治家，他执政的三十九年间，可说是希腊文化最辉煌的时代，一时名人辈出；大悲剧家、大雕刻家、大历史家、大哲学家，都活跃于这一期间。因为希腊人有闲又有钱了，所以大家对于学问的兴致极浓。同时，平民政治起，人人对政治关切；问政就需要知识，法庭的声辩也需要才智，于是学问的实际要求也愈益迫切。这时，学问不限于少数人了，已经普化到一般公众。戏剧也是一种教育，因为戏剧发达，公众便也获得了无数的精神教养。个人的地位提高了，自觉和批评的倾向渐浓了：对政治批评，对法律批评，对传统批评，对自己也批评。各方面呈了灿烂的奇观，伯罗奔尼撒内战，历时有二十七年。战争的对手，一方是雅典滨海一带的臣民，一方是斯巴达大陆方面的盟军。在文化意义上，也可说是爱奥尼亚的民主政治与多利亚的寡头政治之争[1]。因为前者长的是海军，后者长的是陆军，所以初时互有胜负，最后却是胜利归于斯巴达。但实际上战争并没停息，时时以他种名目爆发。主要对手虽有时更易了，而内战一无宁日。收渔人之利的是波斯。于是，居于首要地位的

① 见Greene书，页五一。

雅典乃又归于次要；从前波斯之战的胜利收获，遂又化为乌有。这不能不说是已入了暗淡式微的时代，不过文化的果子总是在长期培养之下最后才结成的，所以前期文化上的茁壮萌芽和明艳花朵，却还一直要在后期里才如火如荼地继续作精彩的发扬。文化的浪潮总要比政治的浪潮晚一些，倘若以为绝对相应，固然太愚，而以为二者无关，或者相反，那也不免近视。在希腊政治上入了衰势时的高度文化，是前一期政治上盛时的“果”；而衰势已成时所造下的“因”，却确乎使以下的文化发展蛰伏了不少时候。

波斯战争的胜利结束，给希腊以发展文化的自信和自觉；伯里克理斯的执政，让希腊文化开了好好的花朵，伯罗奔尼撒内战使希腊文化的果子呈现出来，但却再没有花开了。盛之始，就是衰之渐，政治然，文化亦然，只是文化比政治迟些而已。

波斯战争是希腊文化史新页的开始。因为是个人的地位渐高了，批评的兴趣渐浓了，侧重于人事而把宇宙搁置了，所以称这个渐渐而来的潮流为“人本主义运动”。代表了这个方向而走入歧途、由批评而入于怀疑的，是一些所谓“辩者”（sophists）；复由歧途而纳入正轨、由怀疑而再入肯定的，则是苏格拉底。

柏拉图说刚刚习得智慧的人，就像幼小的动物刚会用小牙儿一样，他总不禁时而咬咬这个，时而咬咬那个。初期获得智慧的人类又何尝不然？这可以说明了那些“辩者”的理智的探索之勇气，以及他们无意间遇到怀疑——不啻一块暗礁——之不无“情有可原”。

在辩者中，我们可以举出勃洛太哥拉斯。勃洛太哥拉斯是德谟克律图斯的朋友和乡人，以口才闻于雅典。我们不称他是一个哲学家（philosopher），却称他是个辩者（sophist），辩者是授人知识而取人束脩的人物，这是以前所没有的。当时称辩者是一个贬词：因为这般人在道德的规条上既不严格，又不相信多神宗教，所以他们虽为有钱的多思善疑的青年所喜，却为一般守旧的人所恨[①]。辩者多于伯里克理斯时自外邦潜入雅典，他们的作用是将知识普及化了[②]。辩者最好辩，常就人的谈话中，使人自陷矛盾，而导入他们的强词夺理的主张。这主张多半是破坏性的，怀疑和虚无，像一般辩者的命运一样，勃洛太哥拉斯最后是遭逐，书也被焚。这是公元前四一一年的事，在中国墨子正活动的时代。

① 见Weber书，页五九。

② 陈译《文化史》，页一二九。

勃洛太哥拉斯采取赫拉克利图斯的说法，以为感官界是变动不居的；又采德谟克律图斯的说法，以为（不幸！）一切知识又只有由感觉得知；所以，所有知识便无法可靠了。人除了个人所感觉外，乃一无所知。我们所不感觉的，可说并不存在。存在的，就是我们感觉得着的。什么德谟克律图斯的“原子”，安纳撒哥拉斯的“万物之胚芽”，恩比多克利斯的“元质”，米利都学派的“原质”，都不是我们眼见目睹的，所以都不过是空论和假说，一无实际价值。有多少人，就有多少真理，人是万物真伪的尺度。除一件一件的感觉外，无一事可证明，真际（reality）之最后因或终极情况，尤非吾人所能了然，形上学的问题乃是枉费精神。让人只问自身吧，只有自身还可靠，哲学应该是自身幸福之学。要幸福须能治人并自治。自治须修德，治人须词令（想得对，又说得对），所以哲学又应当是修德之学，善思善言之学。哲学当有三科，此即实际的伦理学、对话术（dialectics）和修辞（rhetoric）。

由勃洛太哥拉斯的学说，客观体（object）与主观体（subject）开始对立了，这是哲学上的一个大进步。主观方面的思想有化繁为简的能力，所以成为验万物真伪的尺度。“人为万物真伪之尺度”，这是划时代的一句话，这代表了人类的自觉，这揭开了批评态度的序幕。他之注意“思”与“言”，成为逻辑学与广义的语言学之先河。因为他们这一派人自己说话之讲究，便使希腊文更婉转、更美化，为柏拉图那样美妙的《对话集》的文章建了一个好基础。他的错，错在为万物尺度的“人”不是一般人而是个人，他没有看到人类的理性在不同的个人间却还有其“相同”者在，他是只看见“个人”而没看见“人类”呢。他像一般的希腊哲学家一样，太过分看重了个体间身心之异点了；也太过分看重了感觉。

矫正辩者的是苏格拉底（Socrates）。他生于公元前四六九年，这时在中国，孔子之死刚十年；他死于公元前三九九年，距中国孟子之生也差不多差十年；所以他乃是在孔孟之间，与墨子并世的人物。他是纯粹的雅典人。他非常富有风趣，喜欢诙谐；面貌极难看，但心里却很秀美。他喜欢找青年谈天，他像那时一般的希腊人一样，极爱与年轻貌美的男子为友，所以他常自称为“青年的恋人”。他父亲是一个雕刻匠，就是他自己也一度作过这样的学徒；他母亲是一个产婆，他却把助产的道理用在帮助人的知识上；他太太是一个悍妇，有一次在盛怒之下，浇了他一头水，但他若无其事地说：“我知道雷霆之后，准有大雨呢！”便见他是最懂得幽默的人。可是他对生活的大端，却又极其严肃。他晚年被人诬告破坏国教、诱惑青年，他原可以出钱赎罪，朋友也都争着代出的，不过他说对于国家的法律应当绝对尊崇，他拿出像“父可以不慈，子不可以不孝”一样的大道理来，他已经七十岁了，他受的刑是很毒的毒药。临刑之前，他的朋友们环绕着他，他却依然同人讨论哲学上的大问题，这就是什么是“不朽”的问题，他的趣味横生，一如往昔。瞑目时嘱托朋友的，是他曾经向药神许过愿，病好时供一只鸡，因在狱中，未能履行，现在就请他朋友代办，以免失信。最后的那一刹那依然那么慈祥、那么坚贞、那么宁静、那么不苟，真不愧一个永远光芒万丈的哲人！

就时代精神上说，他很有些像辩者处，他同样轻视形下学、数学、自然科学（希腊所已经发达了的自然科学，因为辩者运动既起而一度中断了）；他同样以研究人生与“公民之责任”为教育之中心；他同样重性灵陶冶而轻物质知识；至于理智自由之结果，将如何影响于宗教及国法，他却不曾计及，所以他遭了守旧派之攻击。他之重修养而轻纯粹知识，颇像我们的孔子。

勃洛太哥拉斯的怀疑论也作了苏格拉底哲学的出发点，他常说他所知者只有一事，就是他一无所知而已。这句话在中国常被人囫囵看过，其实其中包含着许多意义。一是苏格拉底还有旧日宗教的影子，他觉得人不能有智慧，智慧只有在“神”那里；所以，以人之不过为“人”而论，实在是一无所知的。

二是哲学家爱智慧的意思，因为爱智慧，所以对于智慧就要有所保留，不肯据为己有。孔子说："述而不作，信而好古，窃比于我老彭"；孔子把智慧推给古人，正如苏格拉底推给神。孔子更说："知之为知之，不知为不知，是知也"；也是对智慧的一种虚怀保留的态度，普通人之僭妄，强不知以为知，只因为不曾真正爱智慧而已。

可是，苏格拉底之怀疑态度，只施之于宇宙论，而没施之于人生。在人生道德上，他是肯定的，他说有一事可知而且绝对可知者即"人"，而德尔斐地方的庙（temple of Delphi）上所镌之字"知道你自己"（Know thyself），正是对的。世界之性质如何、起源如何、终极如何，我们永远不会知道得确切。但是我们自己行为应当如何，何谓人生之意义与目的，何者为最高之善，却是我们唯一可能的知识，可靠而且有用的。伦理学之外，可说无哲学，这和孔子之不轻言性与天道，又说"未知生，焉知死"，有一种道德的、人间的、现世的意味者都若合符节。

苏格拉底也主张"正名"；在那观点混淆、意见分歧中，他独独要求每一个字都要有它确切的意义，特别是伦理上所用的诸字为然。什么是善与恶、公与私、智与愚、勇与怯、国家与公民，他都要追究那永远的、普遍而确切的意义。因此，他已经超“特殊”而至“普遍”了，所以他无意间不但有助于伦理学，而且也有功于形而上学。

他追究那普遍的定义时，常常与人共之。但他并不直接告诉那定义是如何如何，却是先用“辩者”难人的方法，让人自知矛盾之后，乃于讨论中使人将正确定义自寻而得。他用的法子就是他母亲用的助产的法子，所以他常自诩为“精神上的产婆”。他那富有的风趣和诲人不倦的热诚，使他非常成功。他有时谑而不虐地给人以讥讽，这就是所谓“苏格拉底式的冷嘲”（Socratic irony）。他是难与比拟的一位善为人师的哲人，这也只有孔子似之。

苏格拉底虽以启人智慧为事，但是他的根本信念仍在智慧与道德之合一。我们的伦理价值是与知识成正比的。所以，他又说德性是可传授的；而且德性是整个的，例如一个人既勇敢则不不公正或无节制，既公正则勇敢与节制亦必随之；罪过只源于无知。

苏格拉底的伦理系统乃是毕达哥拉斯的理想主义和那与爱奥尼亚哲人的感觉主义、唯物主义潮流所不可分的唯实主义之折中物。它以理想为鹄的，但又欲此理想表现于可感觉的形式之中，“道德的美”乃借“体魄的美”反映而出。他不欲为自然欲求的奴役，但是他也决不想加以压抑。孟子说：“形色，天性也，唯圣人然后可以践形”，这其中包括了一种极崇高而极健全的道理！

苏格拉底依然有宗教情绪，甚而有近于迷信的成分。他自己便常说受“神”的使命而如何如何的。但谁知他竟被判了反对宗教的罪，让他饮鸩而死——群愚原是不可理喻的。

## 二　希腊哲学之极峰　上
### ——柏拉图

苏格拉底之后，有只发展其伦理学说的，有将其伦理学说与昔日之形上学合而为一而作更高的探求的。前者有西勒尼派与犬儒派，后者有柏拉图。

西勒尼派[①]（Cyrenaics）以西勒尼人亚里斯提拍斯[②]（Aristippus of Cyrene）为领袖。西勒尼在非洲北部。亚里斯提拍斯以为人生最终之目的为快乐。因此，他的学说便叫作“快乐主义”（hedonism）。他所谓快乐并非指感官的、暂时的而言，乃是指心灵的、有永久性的。原来也未尝不能言之成理。

---

① 现通译为“昔勒尼派”。——编者注

② 现通译为“亚里斯提卜”。——编者注

但是这一派的末流则走入悲观主义；因为，人生既以快乐为目的，而人生究竟苦多乐少，所以便觉得生不如死了。一般地说来，倘若不把人生看作是手段，而只看作是目的，悲观将是必然的归宿。以人生为手段，而别有更高的目的，这就是理想主义了。所以，只有理想主义可以扫除悲观[①]。西勒尼派除快乐外，别无理想，其陷入悲观是不足怪的。西勒尼派后来又为伊比鸠鲁派[②]（School of Epicurus）所发展。

犬儒派（Cynic School）的领袖是雅典人安提斯济尼斯（Antisthenes），他发展苏格拉底之理想主义一方面，以为人当为善而善，不过也有些夸张，末流遂至反对快乐，并以快乐为恶，甚而唾弃文化，鄙夷哲学，即法律与国家，也在所不屑一顾了。这派后来又为斯多亚派（Stoics）所发展。

现在我们讲到希腊哲学的重镇柏拉图（Plato）。他是整个西洋哲学史上数一数二的大人物！他生于公元前四二七年（中国周考王十四年），死于公元前三四七年（周显王二十二年）。中国墨子已经到了晚年，孟子正在活动，而惠施和庄周已经出世的时代。

---

① 见Weber书，页七三。

② 现通译为“伊壁鸠鲁派”。——编者注

柏拉图以二十岁始游于苏格拉底之门。苏格拉底就义时，他年二十八。此后他四方游历，除了希腊本部各地以外，到过埃及，到过西西利[①]，到过南意大利。在西西利叙拉库斯[②]（Syracuse）地方，他想建立他的“理想国”（理想国是他的思想的大端，他之要建立理想国是太热心了！），为当地暴君带奥尼细阿斯（Dionysius）卖而为奴，后来又由友人赎回来，于公元前三八七年归雅典，这时他四十岁了。他以后的半生，便大部掌教于雅典的“学园”（Academy）了。

他出身于贵族，是希腊所谓“七贤”之一梭伦的后裔，受的教育极完全。他思想上的渊源所自有四：一是他先曾就教于克腊提拉斯[③]（Cratylus），克腊提拉斯是赫拉克利图斯的门人；二是他受学于苏格拉底；三是他接触了麦加拉人欧克里地斯[④]（Euclides of Megara），从他而知巴门尼底斯之说；四是在他游南意大利时，又受了毕达哥拉斯派的熏陶。

他的《对话集》是我们现存的最古的希腊哲学著作，同时

① 现通译为“西西里岛”。——编者注

② 现通译为“叙拉古”。——编者注

③ 现通译为“克拉底鲁”。——编者注

④ 现通译为“欧几里得”。——编者注

也是唯一最全然无缺的古代著作，《对话集》中除掉或者显系赝品或者疑信参半的之外，重要而且可靠的，一共二十多篇。这二十多篇，可说字字珠玉，是人类文化中的至宝。爱好文艺的人，不用说，不能不读；爱好哲学的人更不能不读，如果你不幸一时不能读他的全集，至少应当读这二十多篇；倘若再不幸（！），这二十多篇也不能读，那么，最低限度了，也要读读他的《理想国》（*The Republic*）！倘若生为一个读书人而不读《对话集》，真可说枉作了一个读书人！其中有高尚华贵的思想，有清丽潇洒的文章，有诙谐调侃的风趣，有掩卷而可吟咏无穷的韵致。这里是最好的诗（因为那沁人心脾的警句是风起云涌）；是最好的戏剧（因为那对人情的描绘是刻画至尽）；也是最高洁的灵魂所奏出之最美妙的音乐（因为那里回荡着天地间最幽深的和谐）；同时并有一种不伤害于人的、伟大的、淳朴的感情。但《对话集》又确乎是思辨的，赤裸裸地代表了哲学之爱智慧的本色。你刚一读时，应当为那书的形式之优美而觉得可惊讶，继续读下去便应当为书的内容之佳绝而陶醉、而欣然忘食了。我不知道为什么在中国许多书里把柏拉图造成一个拒人于千里之外的人物，使人对他的书也淡然不睬！这个印象必须改观，我现在大声疾呼：柏拉图是历史上所有“巨人”中最可亲的人，他那《对话集》乃是历史上所有“巨著”中最可爱的书[①]！

因为原书之博大精深，无美不备，下面所说，就量上言，自然不过是只能代表沧海之一粟；就质上言，更只能是糟粕了。——一切论柏拉图的书，都可作如是观！

柏拉图自赫拉克利图斯的学说中，知道可见的世界是永在变易之中；感官是欺骗的，无从由感官得真理；而不变之物则唯“理念世界”（world of ideas）中有之。柏拉图又自苏格拉底学说中，知道宇宙之究竟虽不可知，但至少我们可以知道自己；而最高之善，亦可由一种确切无误的、内在的识力（an infallible inner sense）而求得之。但是苏格拉底至此而止，引柏拉图百尺竿头更进一步，而走入形上学的，则是意大利的毕达哥拉斯学派。由这一学派的看法，苏格拉底所谓“内在的识力”便不止是一种“实践理性”（Practical reason），只作为道德的良知了，而且是一种“理论理性”（Theoretical reason），可以知万物之绝对的、永久的、必然性的本质。

柏拉图的形上学得力于几何学者甚多。几何学是建诸先验的直觉（a priori intuitions）上的。线、圆、三角形、球体，都是理想的

① 可参看著者《（柏拉图对话集）的汉译》一文（刊于廿八年十月八日重庆版《时事新报·学灯》）。

图式，或理智上的实在，它们的性质决不以物质世界的变化而有变化，柏拉图的哲学却也采取了数学这种自明的（self-evident）和必然的性质，于是也成为一种“先验的直观和先验的推理之学”了。

柏拉图哲学的中心是“理念”（Ideas），理念者是不变的形式，是变动不居的万物之典型，是作为真正科学的对象之“本相”（Noumena），而与只作为感官与臆见的对象之“现象”（Phenomena）者则相别。因此，柏拉图哲学也可称为“理念之学”。

“理念”是什么呢？我们可以说，当我们比较许多不同的人时，就可以得到许多共同点，因此我们不妨构成一个代表了人类共同点的“人”在那里，这个代表人类共同点的“人”，就是“人的理念”。又如当我们比较建筑之美、雕刻之美、悲剧之美、人体之美时，我们又不期而得到一个可以概括这一切美的“美”，这个可以概括一切美的“美”，便是“美的理念”。这也存在，那也存在，于是便有表示这许多存在的一个共同存在，因此便又得到“存在”（being）这个理念。所以，柏拉图所谓理念者，可说一是如现代哲学在思想上、道德上、审美上所称之律则；二是如我们用以区分万物时所标之类别；三是如自然科学上所说之典型或种属（species）。总之，理念是由一切可能的概括作用而得者，其数与共名等。每一共名，即表示一“理念”，正如每一专名即表示一“个体”然。感官得个体，抽象化或概括化则得理念。

苏格拉底只知以心中之概念为理念。柏拉图却以为理念不限在心中，理念乃一种实有之物（Realities），这是表示柏拉图之独创的天才处。因为有自然之物之存在，我们有感觉；因为有理念之存在，我们有诸理念之名。自然之物和理念，都是感觉和诸理念之名的“客观的原因”（objective causes）。感觉之对象既真，理智之对象岂不更真！这就是为概念所表示之理念乃是实有之物的证据。作为理念的“人”，应该比作为感官对象的个体的“人”还要实在！（这和一般人常识的看法自然相远，但是真与常识没有距离时，又何必讲哲学？）

照柏拉图看，理念乃是范本或原物，而自然之物或个体只是其副本或抄样而已。所谓实在，须要持久，烟消雾灭的不能算实在。美人或美画可以湮没，但“美”本身却永远留下。张三李四可以死，而“人”这个典型却万古长存。花儿或木的“理念”是比一花或一木的“个体”更实在些。理念所表示的，就是它所“是”如何的，这是绝对的，没有限制的；所有我们对感官之物可说的只是自理念之“是”如何而“有”之者（that it has something of what the Idea is），亦即自理念而“分沾”者（that it partakes of it），然而理念却是永不可分割的实在物。

在感觉世界中之“美”，是相对的，不过以和“丑”相比较而然。今日美，明日未必美。且或以在某地而美，或以在某一关系下而美，或以据某种观点而美，或以对某一人而美，倘若场合不同，则美也许变而为不美。理念中之美则不然，乃是永存的、绝对的、不变的、无减削的。整个感觉所得之世界也不过是理念的一种象征、一种比方、一种表现而已。哲学家倘若兴趣只在于感觉世界，则无异于只爱朋友的肖像，而对那活活的朋友本人却忘怀了。

理念是有等级的。个体之物，有理念统一之。但此统一个体之诸理念，其上却有更高一级之理念以统一之。等而上之，则有一“最高之理念”，在最高之理念或称为“至善”（the Good）。凡在高一级之理念之下者，即为此高一级之理念之副本。在最高之理念之下，则其他一切理念都退归为副本，正如太阳一出，众星便不见了。

理念不存在于空间，理念存在于其自身。感觉可以唤起理念（这里有他那有名的“回忆说”。人的灵魂原与理念是一家，不过有时忘了而已），但不能产生理念。有时感觉反为见真理之累，只有推理可以见到真理，而推理源于爱。爱是一种向往，不完全者受了完全者的吸引而起的一种向往。被贬到感觉世界中的灵魂，是像怀乡病患者一样，时常想与那“绝对体”合而为一。这种圣洁的向往之感只有在尘世的爱情中、友谊中、审美的享受中，可以略略得到满足。可是这“化身于物质中的理念”，是究竟不能满足那灵魂的。她所需要的是“纯粹的理念”，所以她要用纯粹的思想去直接观照它。那恋爱者和艺术家的热情也不过是像这哲学家拜倒于无遮掩的真、理想境的美、绝对性的善之下的热情之一部分，而且是很薄弱的一部分而已。柏拉图解释哲学之爱智慧的意义最妙，他说神最完全，已经有智慧了，所以不必爱智慧；愚人不知道智慧，自然也不会去爱智慧，只有不是神又不是愚人的人，才不能不爱智慧（爱原是居间性的），这样的人就是哲学家，爱真理的人是只有得天独厚、获得天上的光明的人才配的。在这地方，美与善是合一了，去爱、去知、去行是没有分别了。孟子说：“理义之悦我心，犹刍豢之悦我口”，这其中有多少值得吟味的所在！

理念如何解释自然世界呢？这是柏拉图的一个大难题。他只好提出了第二个原则：物质。他说理念既是绝对的善，善便一定产生善；神既是生命，生命便一定创造生命。理念既是唯一的实在，则理念之外，不会更有实在；原来另有“非实在”（non-being）。理念既是最高的实在，也便有最高的活动；因此，此“实在”之活动遂施向于“非实在”。于是理念对“非实在”言，遂成为一种创造者、一种原因、一种意志、一种范畴的原理。“非实在”乃是“实在”的材料，乃是理念可显示其存在时的条件。“非实在”即物质。物质本无形，乃以理念范畴之而有形。物质不是理念所造，因为“非实在”不能产生自实在。物质与理念同其悠久，理念之活动即须先假定有物质。这是柏拉图露了二元论的主张处。物质是被动的，理念是主动的；但被动并不等于毫不抵抗。物质的抵抗表现而为惰性（inertia）、重力、不谐和、丑、愚等等，理念乃像一个艺术家之操纵用具然，而克服之。在理念尚未胜利之时，就是世界上一切缺陷、一切邪恶、一切变易不定、一切不能不朽的根源。

理念与物质，相反适相成。宇宙的造成由此而起。宇宙当然不能如创造的理念那样永恒，因此神便尽可能地使其永恒，这样便创造下无穷的“时间”。宇宙之“理性”（nous）或“心”，乃是一切机构中所显现之目的，也是最终因。柏拉图的观点是“目的论”的（the teleological point of view），他觉得天地之间，一切东西都有个所以然在。例如人的脑袋之圆，是因为理性所在（圆代表完全），而其所以在上，则是为了便于指挥全身；肠子很长，乃是为了消化慢些，免得人贪吃，不致因贪吃而忘了良知和爱智慧。人为万物之灵，女人却是男子的退化。一切施以理论化，这可以看出他理性要求之强，有点像中国汉朝人精神。

人的灵魂，由世界灵魂而来，性质亦如之。其中有速朽的成分，也有不朽的成分。不朽的成分是理性，速朽的成分是感觉。灵魂在身体存在以前就存在，所以在身体毁掉以后，也不会随着化为乌有。

在物质世界，柏拉图以为只能得到“或然”，而不能得到“必然”；物质世界的探求也终不能成为“科学”，只能落到信仰。人为自然之终极，理念为人之终极，理念之最高者则为善。

基本之德性曰“公道”（justice），公道表现于智慧为思想上之正确，表现于意志为勇敢，表现于感情为节制，人对神的关系之公道则为虔敬。所以公道为众德之母。

但是真正的公道，是最后实现于集体的人或“国家”上。公道实现于国家之中，即人人各安其分是。这颇相当于孔子所讲的“体”。一国家犹一个人，也分为三部，一是立法和执行法的哲人，这相当于头部，须有智慧；二是战士，这相当于心胸，须有勇敢；三是农商百工及凡诸奴隶，这相当于感官，须有服从性。理想组织之实现，须打破私有，取消家庭，儿童归于国家。在他的国家中，男女平等。他说假设男女之不同只如秃头的人和不秃头人的人那样偶然不同的话，则殊无理由以为男子作的事而女子不能担负了。男女同有建国的责任。建国当由教育入手。国家之本质即是一个教育机关，其使命即在实现“至善”与“公道”于地球之上。柏拉图的教育计划是：儿童在三岁以前，所谓教育只是养护身体；三岁到六岁，则施道德教育，讲神话；七岁到十岁，体育训练；十一岁到十三岁，诵读与写作；十四岁到十六岁，讲文艺和音乐；十七岁到十八岁，学数学；十八岁到二十岁，习军事。现在应该有第一次的甄别，看这青年是宜于文官抑是武士。文官则尚须学各种科学，一直到二十岁。这时便有第二次的甄别，优异者始许其习辩证法（即哲学）若干年；最高的教育则是伦理学。将伦理学中“至善”的问题研究透彻了，始可以授以国政。这样受完全教育的执政者，大概已五十岁左右了。

照柏拉图的意思，倘要政治好，必须是哲学家执政，否则亦须执政者习哲学，在这里有专家政治的意味。这和孟子拿必须玉工才能雕琢玉的比方，以喻政治亦须信任专家之意很相似。执政的人又须是不热衷于政治的人。否则不免失其为政治家而流入政客，执政者须有出世的智慧，却又须有“我不入地狱，谁入地狱”的热肠[①]，否则必不能救万民于水火之中。倘若有人以这样的政治能不能实现来问柏拉图，柏拉图答复得妙，他说我们完全是在“想象”中尽量使其完全，像画家要画一个

① Republic卷七，有洞喻。

美人一样，难道因为世界上没有那样的美人就不许他画了，不是理想国，又何不可以理想[①]？

柏拉图是亘古未有的文学天才，但大概因为己之所长，遂不加以重视了罢，所以他在《理想国》里最得意的设计，乃是驱逐诗人出境。不过他像他一切其余的话一样，很富有保留的口气，他说假若有人证明某种诗人的确对人生有益的时候，却也不妨请回来。

柏拉图可说是古往今来最伟大的哲人了，康德有许多思想不过是柏拉图的思想之重演。往最小处说，柏拉图的哲学也是希腊哲学的顶点。它包有了爱奥尼亚派关于物质界的悬想，多利亚派对于数理的探索，再加上雅典人的“人本主义”的精神！柏拉图似孟子；我爱孟子，我亦爱柏拉图！

## 三　希腊哲学之极峰　下
### ——亚里斯多德

希腊的天才毕竟是不可思议的，产生了柏拉图以后，却又产生了亚里斯多德（Aristotle）。从前者可见出希腊哲学之精深，从后者可见出希腊哲学之博大。假如说柏拉图是哲学史上

① 柏拉图的《理想国》虽称理想，但也有大部以斯巴达的实际政治为根据。

罕有的一位幻想驰骋的诗人，则亚里斯多德乃哲学史上罕有的一位具组织天才与分析头脑的科学家。

亚里斯多德生于公元前三八四年（中国周安王十八年），卒于公元前三二二年（周显王四十七年）。他比孟子出世的年代略晚，却先孟子而死。他生的地方是马其顿的斯塔齐拉（Stagira），在雅典之北约二百里。他家里有好几代是医生，他父亲就是马其顿王阿敏达斯（King Amyntas）的御医，阿敏达斯是腓力王（Philip）之父，而亚历山大王（Alexander）即腓力王之子。亚里斯多德以十八岁来雅典，于柏拉图的学园中受学，居十七年，其师柏拉图死，遂漫游各地。在他四十一岁时，从腓力王之请，教其幼子亚历山大，这时亚历山大才十三岁，他教了他四年。亚历山大后来曾说“生我者吾父，教我为人者吾师也”。因为他有这样一个高贵的学生，对他研究学问遂很多方便，据说亚历山大主政以后，曾一次送他先生八百“泰伦”（每一泰伦——talent——合美金一一四六元），给他先生一千人，帮助他作动物学的调查[①]。到了他四十九岁时，回雅典讲学，讲学之所名莱西亚

① 见B.I.Wheeles，*Life of Alexander the Great*；瞿译《哲学史》卷一，页一五五，引。

姆（Lyceum），后人因此称他这一派为莱西亚姆学派，或者形容了说，叫他们“逍遥学派”（Peripatetics），说他们常在莱西亚姆的夹道中逍遥呢。他经营莱西亚姆学府凡十二年，因为雅典人抵抗马其顿，他以曾为亚历山大之师之故，遂被迫蛰居于优比亚岛[①]（Euboea），这时他六十一岁了，他的学生亚历山大即死于这一年（公元前三二三年），到次年他便也逝世。

正如他的学生亚历山大用武力来统一世界的政治一样，他用了超绝的组织力要来统一当时的思想。他的著作真是博大浩瀚，无所不包。现在保存的论文只有四十种，但在公元前二三〇年时却还有其他书目一百四十六种，现在是不见了。照了他自己的分类是，有理论科学（theoretical sciences），即以真理为对象者，如数学、物理、神学；有实践科学（practical sciences），即以实用为对象者，如伦理、政治等；有艺术科学（poetical sciences），即以美感为对象者，如诗学。他那关于逻辑的好些论文，使他成为逻辑学上的一个真正建立者。我们所最常用的三段论法，即依然遵的是他的衣钵。那些被人放在他论物理学之后的一些讨论第一原理的论文，便成了后来形上学的专名，西文的形上学（metaphysics），实即置诸物理学

① 现通译为“埃维亚岛”。——编者注

之后之意，这也是哲学史上一段可纪念的佳话。总之，亚里斯多德的著作，不啻为公元前四世纪中的一部人类知识的百科全书。

亚里斯多德认哲学为求通则之学（the science of universals）[①]。所有特殊的科学，都可说是“部分的哲学”（partial philosophies），对此而更加以综合与组织者则为“一般的哲学”（the general philosophy）。亚里斯多德称后一种哲学为“第一哲学”，称前一种哲学为“第二哲学”。

数理的科学所论的是万物的数量、性质和关系，第一哲学的对象却是万物的本质（Substance）。数量、性质和关系诸范畴都以本质一范畴为基，而建于其上。第一哲学所问的是，撇开一切时空的关联之“存在”（being as such）的本相，换言之，即只问绝对物、必然物、万象之永恒的不变之点（essence），而不问其相对性、或然性及偶然性。

亚里斯多德对于柏拉图颇有批评，他说：“吾爱吾师，但吾尤爱真理。”他同意柏拉图所认为第一哲学乃实在之物之学（the science of real being），而有别于论万物之表面及暂时

---

① 此处亦可译为“共相之学”，一则恐初学者不易了解“共相”之意义，二则就其论哲学与科学之整个意义观之，译为“共相”反不明了。

关系者；但是柏拉图又以为作为实在之物之“理念”乃与表现理念之个体相离，他就反对了。他说这不但不能解决形上问题，而且如治丝益棼，凭空在实有的世界之外又添出一个无用的名目。他觉得若照柏拉图的意思，万物与理念之关系实不可解。那种以理念为模式、万物参加其中的说法，不过是说空话，或者在作诗。至于一般的理念果是个体之物之本质，或万物之常德（essence）的话，那么，它又如何和它那作为其本质和常德的个体分离呢？所以，亚里斯多德以为那普遍性之物是不应当在个体之外而与之并列的。理念应当生于事物之中（inherent in the thing），或存于事物之内（immanent in the thing）；理念应为事物之形式，除了我们作抽象的思索时，它不应离事物而存在。“一”在“多”旁（one along with the many），应当由“一”在“多”中（one among many）取而代之。亚里斯多德之善于批评哲学，甚似中国荀子。

他在另一方面，对唯物论亦所不取。只有物质而无理念之为抽象，是与只有理念而无实现理念之个体之为抽象同。物质与理念（或形式）均为实在之组合成分，尤要者则为理念。亚里斯多德以理念与常德或灵魂同视，物质不过是理念之助手，但为不可或缺之助手而已。

万物是如何生成的呢？亚里斯多德以为无论天然之物或

人造之物都有四因：一是质料因（a material cause），二是形式因（a formal cause），三是效能或动力因（an efficient or moving cause），四是终极因（a final cause）。例如一张床，必须先有作床的木料，这就是“质料因”；其次要有按照了去作的一种结构或样子，亦即一理念，这是存在于木匠心中的，这就是“形式因”；再次要有促成实现这张床的手、臂及器具等力量，这就是“动力因”；最后要有将这些力量由潜能（potentiality）变而为实际（actuality）的目的或动机，这就是终极因。有生之物亦然，例如人，亦有四因：一是必有所始，即构成胚胎之质料；二是胚胎所依照了去发展之理念（或种属之典型）；三是生殖行为；四是这种行为之目的（此目的或不为人所意识），即生一新人。是万物之生成，无论自然的或人为的，皆靠此四因：质料、理念、动力与目的。这四种因皆在个体之物中，每一自然之物皆有其所从出之同一种属的个体；即伦理或艺术上之行为亦皆有一具体的原因在。有效之原因每为具体之物，由潜能而至实际者必经一具体之物为其实现之工具。

在哲学思考上，虽有四因可分，但其中之三因，形式因、动力因、目的因，实常合而为一。例如人：“人”就是以生殖而实现的理念，而此事是必须一个“人”去实现的，而他之实现此理念之目的乃是为了生“人”，可见“理念”同时为形式因、为动力因、为终极因。所以万物的原理只有二者，即使之生成而因以为其目的之“理念”或“形式”，与用以制造之之“质料”而已。前者为首要，为真正因（the cause proper）；后者为次要，为一条件（condition）。

柏拉图所谓的“非实在”（non-being）或绝对的缺乏（absolute privation），与这里所说的质料（real matter）是两回事。质料毋宁为潜存的实在（potential being），亦即实在之可能性或能量（the possibility or capacity of being），乃变化之胚芽与起始（the germ and the beginning of becoming）。具体的个体之物，就是代表这胚芽的发展的，亦即可能性之实现，由潜而至显者。质料是形式的胚芽，是一种潜在的形式；而构成个体之形式乃系一种具体化了的质料。木头可以说是潜存的床，床也可以说是具体化了的木头。鸟卵是潜存的鸟，鸟便是具体化了的鸟卵。质料是万物之始，理念（形式）是质料所欲至之地；质料是雏形，形式是完成。质料之欲得形式，就像雌性之欲得雄性。二者有此必有彼，互为鱼与水。二者的连锁是动态或演化。亚里斯多德由此，遂逃脱了柏拉图式的二元论的束缚。

质料与形式之关系，既如储能（capacity）之与能力（energy），既如胚芽之与发育完成的生物，那么，二者的对立就不是绝对的了。于是一切东西遂都是同时是潜能和实现，同时是质料和形式。青年对婴儿言是形式，对老人言就是没有形式的质料了。

但是也有一个例外，这就是“最高的实在”（the supreme being），这也就是亚里斯多德心目中的神。“最高的实在”乃是纯粹形式（pure form）而没有质料的。原来亚里斯多德所谓质料都有作为发展的起点之意，而“最高的实在”应为一绝对完全之物，因而不会再发展，所以是“非物质的”。

质料与形式二者，是何者在万物之先且在万物之上呢？这却不是储能而是能力，不是潜性而是显性，不是缺陷而是完全，不是质料而是形式。那永恒的显现的“实在”，是既为万物之动力因或生成因，并为万物最后之鹄的。它是第一个主动者（the first mover），但是它自己却不动。第一个主动者之存在，是可以这样推知的：因为，每一运动包括那被动之物和一主动的原理，而后者则以受一更高之主动力之故而更有所动作，但是既决不会有无限的一长串动因，那么，我们便只有逢到一个“第一个主动者”而止了。

不动之物如何能主动呢？这就必须假定“神”之行为乃如美好之物然：艺术中一杰作、自然中一美景可以动人，可以引人入胜，但是它自己却是静止的。同样，那为我们所努力以求其实现的“理念”，也是只使我们动作而它自己却没有动作的。所以，质料乃以永恒的理念而动作，但是那“绝对的实在”却一点动作也没有。这种说法精彩极了，可知大哲学家又非有大艺术天才不可。

“最高的实在”既为非物质的，所以也没有感觉、感情，如欲望。因为这些事都是依物质而有，这都是依存于被动的或女性的原理，为形式之接受者的。神乃是纯粹理智（pure intelligence）。神无欲望与悔恨，所以神是无上快乐的。只有少数得天独厚的人可以如神所享受，但这也是短期间的，那就是当他在对理智上的真理作纯粹观照（pure contemplation）的时候而已。

“神”既为宇宙之终极因，又为至善，神乃是在万物之中，为万物之内在的常德（immanent essence）；又在万物之上，离开世界而为超越的（transcendent）。正如纪律是在军队之中，却又在军队之外而操之于将帅之手然。神为法律，亦为立法者；神为秩序，亦为使万物归于秩序者。万物为神所统一。由神之为统一，故宇宙亦必单一而永久者。反之，由万物之统一性，亦可证神之统一性。这是原则中的原则，大体和自然都维系于此。——以上是“第一哲学”的内容。

讲天体和自然的哲学是“自然哲学”，自然哲学又叫“第二哲学”。亚里斯多德以为“天”（Sky）是一个完全的圆体，其中心就是地球。这圆体中的万物是“自然”，自然自“第一主动者”流出以后，便有“运动”。物理学即研究运动之学，有机世界全是真正为最后因所管束之世界。大自然只有在这里才表现了她那艺术家的无穷天才，她永远在用最经济而又最美妙的手腕以达到其目的。自然与真正艺术家之分别只在：艺术家所要达到的目的乃是在他心目中一个很清楚地意识到的观念（idea）[①]，而自然所要达到的目的，却是一种本能而已。艺术之活动自外而来，自然之活动自内而出。鸟之生长，有一要成为鸟的目的，正如木匠之造床有一要成为床的目的。为了实现计，后者便需要木匠之手，而前者却只需要自身。不过，“前后因”在二者是同样重要。

自然界为什么也有畸形的东西呢？这是因为大自然的创作也和艺术家一样，有失败作品。她想作好，可是没有成功。但这只能怪质料，却不能怪那活动者的理念。自然之活动是有目的的，正与艺术无殊。目的或终极即是使其活动之唯一原则，而此目的或终极乃前存于为其所造之有机界具有之原

① 此处与柏拉图、亚里斯多德他处所用之idea不同，因非专门意义，故不译为“理念”。

则内。

有生物与无生物之别，即在前者为一内在的原理所驱使，借种种器官以实现其目的，而后者不然。有生物中植物界本身却无目的，乃以供动物界食用为目的；其灵魂只有吸取及生殖二作用而已。动物界之灵魂则更有感觉。至于人，则此外更加之以获得知识之能力或理性。因此，人是大自然最完成的作品，亦即大自然在动物界中最终之目的。在生物世界之内，乃是一串上升的阶梯，有一种战胜物质的演化在。但这个目的并非一下就成功的，大自然又是像一个年轻的艺术家一样了，必须经过千百次的失败，以不懈的努力，而卒底于成。

身体与灵魂的关系，犹如质料与形式的关系。灵魂而没有身体，只可潜势地存在，而不能实际地存在。灵魂之于身体，又像砍劈一事之于斧头，没有斧头，就不能砍劈，没有身体，灵魂的作用也就不能施行。这很像中国齐梁时（公元后五世纪）范缜“未闻刀没而利存，岂容形亡而神在也”的说法[①]。

因为人有理性，所以人有一半近于神；但人也有感觉和情

① 见《弘明集》，卷九。

欲，所以人便也有一半近于动物。完全理性的“神”当然不需要道德，至于只有感觉和情欲的“动物”也不会知道需要道德，所以道德现象为“人类”所独有。倘若万物的目的是在各皆圆满其天性的话，那么人类的目的也便不在只发挥“兽性”，或降伏兽性而只剩“神性”了，却在使二者同时达到圆满而和谐的扩展，平衡所在，就是所谓德性。理智与欲望的和谐，即所谓伦理的德性善并非与恶对立；善并非居极端，善乃是“中道”。例如勇敢是善，因为勇敢是怯懦与莽撞之间的中道；慷慨是善，因为慷慨是贪婪与挥霍之间的中道。亚里斯多德之人性二元论，以为神性与兽性并存，又要同时使其作和谐的发展，这是西洋特有的一种传统精神。好处是人间的，是健康的；但是坏处就在仍不掩二者对立的痛苦，这是西洋人精神生活上一种内在的不安定成分之根源。亚里斯多德所谓“中道”，国内很有人直以为是中国的“中庸”，实则二者极有出入，简言之，中国的“中庸”是质的，观点是整个人性的；亚里斯多德的“中道”是量的，观点是各个德性的。

亚里斯多德的政治学，是以为国家先于个人，个人为国家所造成，个人不能随意创造或改变国家。这也是西洋政治观点上一种传统，和他的伦理学一样，同为中国古人所隔膜的。在政体上亚里斯多德不像柏拉图那样乐观，他也不去作理想的设计，他只以为政体需要因时制宜，好坏都不绝对。亚里斯多德是有科学家气分的实事求是的哲学家，所以便和诗人气息的柏拉图两样了。

最后我们不能不谈到亚里斯多德的艺术论。他在这方面最有贡献的是关于论悲剧的效能，他说悲剧有使人在兼有同情与战栗的悲感下而得到的一种伦理上的“纯化作用”（cathasis）。这个学说影响很大，到现在其中也还有颠扑不破的真理。

在亚里斯多德之为科学而爱科学的精神、之多才多艺的各方面的才能、之对于现实与理想之和谐的宣扬，都确代表了希腊精神的顶点。但是像人类别方面的命运一样，假如太完全了，却就一时没得发展，只有先堕落些时，让人类的精神先休息休息；正因为柏拉图、亚里斯多德的造诣太高深博大了，所以有一千多年的中世纪，让人在精神上睡一睡！也许孔子比柏拉图、亚里斯多德的体系更完美吧，所以孔子以后，中国人睡得更久些①！——可是睡足了以后，也就准有精神百倍的更大更

① 宗白华先生常谓中国之哲学与美感后世不发达之原因，其一即在周秦时已至圆熟之境，后人遂难以为继——我觉得至少难以马上继之。

精彩的贡献的，这在西洋是已有五百年历史的“近代”，在中国则正是将临的中国“文艺复兴”吧[①]！

① 中国文艺复兴之将临，并非一虚语，如梁思成先生等之以科学方法、专门知识去恢复中国古代建筑；冯友兰先生之以西洋哲学观念阐明宋人理学，且更推衍之，以作继续之发挥；方东美先生之提倡“原始儒家哲学”，于以见中国人在哲学上创造力之真相；以及宗白华先生、滕固先生、罗家伦先生之特别强调汉唐人健康的美感，都可说是一种征兆。

# 第二篇　中古哲学

# 第一章　希腊哲学之继续

通常说中古时期开始于公元四七六年旧罗马灭亡之时，但是本书却断自公元前三二二年，这是因为中古精神[①]是自亚里斯多德死后就已经表现了：人类的创作才能已入于休息，所有活动不过是前人的造诣之咀嚼和模仿，只有在潜流中为另一代的天才作一点预备和布置而已了。

不但没有创造，就是在了解上，也只能了解以前二三流的思想；对于第一流思想家，则既不能认识其精华，便只有采取其糟粕了。原来倘若创造的才能消失了，则批评欣赏的能力也便只有迟钝、停滞、颠倒、琐碎下去。

在亚里斯多德死之后（公元前三二二年起），到旧罗马

① 请参看冯友兰《中国哲学史》，页四九一至四九二，释西洋哲学史中之中古精神。

灭亡之前，哲学史上有别划作“希腊的罗马”一时代的[①]，时候占八百年。希腊于公元前三三六年为马其顿属邦，于公元前一四六年与马其顿同为罗马所灭。随着政治的变动，希腊的精神也变质了：主观色彩加浓，个人思想流行，唯物倾向弥漫着。罗马诗人贺拉西（Horace）[②]虽然说：“征服了希腊，胜利者却成了俘虏”（Conquered Greece led the conqueror captive），但罗马拜倒于希腊的文化固是事实，而一时所吸取的，却都是希腊末期贫弱的文化。这个时代，可说连号称中世纪的“黑暗时代”都够不上，因为黑暗时代究竟还有黑暗时代的特殊精神，而且潜流中已经播下次一代的种子，这一时代却只是收拾残席，作作微弱的点缀而已。倘若用韩非子所谓“显学”的话，则这时可称为“显学”的只有四派：一是伊比鸠鲁派，二是斯多亚派，三是逍遥学派，四是柏拉图主义派。因其很少出希腊哲学的窠臼，所以本书特称为“希腊哲学之继续”。“派”虽有，可是不见得各有特殊的面目，后来并有由折中而趋于混同之势。

逍遥学派和柏拉图主义派无可称述。伊比鸠鲁派是

① 瞿译《哲学史》卷一，页一八六。

② 生于公元前六五年，卒于公元前八年。现通译为“贺拉斯”。——编者注

发挥西勒尼派的思想的[1]。这一派的开创者就是伊比鸠鲁[2]（Epicurus），是公元前三四〇年到前二七〇年的人物。他也主张人生以快乐为目的，所谓“善”者即实现快乐之真正而唯一的方法而已。他又承受了德谟克律图斯[3]的唯物论，反对迷信，注重实用。他没有为学问而学问的精神，他觉得学问只可以为人生的奴役使人得到平安就够了。因为主张唯物论，所以反对上帝创世之说，“如果上帝创世，这世界为什么还有许多邪恶呢？”物质就是唯一的实在。即使有神，神与人也了不相涉。灵魂也是物质的，与身体同朽。死不必惧，因为活人有知觉之时便还没有死；死后则已无知觉，怕什么呢？因为这种说法通俗，所以流传颇广，诗人贺拉西也是这一派。他们之唯物、达观，有似于中国杨朱之学。

斯多亚派是发挥犬儒派的思想的[4]。其领袖是塞浦路斯岛（Cyprus）上的栖替安人齐诺[5]（Zeno of Citium），这人与埃里亚人齐诺同名。他因为相信自杀之正当，所以遂在公元前

① 参看本书第一篇第三章第二节。

② 现通译为“伊壁鸠鲁”。——编者注

③ 参看本书第一篇第二章第四节。

④ 参看本书第一篇第三章第二节。

⑤ 现通译为“芝诺”。——编者注

二六〇年实行戕生。这一派不只是一种哲学而且是一种宗教，其立说吸收极杂，也常有变更，主要的是，在宗教上持保守，在形上学上行独断。他们的兴趣在伦理，但逻辑有助于伦理，所以也很重逻辑，在逻辑中并包括文法和修辞。他们反对理念之存在，以为既不在万物之外，也不在万物之中；理念只是思想上之抽象作用而已，实际上并无一物与之相当。他们信神，而且信神之慈惠（providential love）。世界虽有恶，可是神还是对的，恶增加了宇宙的调和。就部分看，这宇宙也许有缺陷，就万物之整个看，却无上地圆满，他们的伦理学，是主超乎功利，为善而善（virtue for virtues' sake）。哲人必须不顾社会毁誉，并须冲开自己情欲的束缚。大政治家西塞禄[①]（Cicero）是这一派的。他们之宗教性、重逻辑，有似乎中国墨家之学。

和斯多亚的独断相反对的，是当时的怀疑论。怀疑论有种种派别，不过他们的这次出现并非吉兆，正如韦柏所说，其第一次出现使希腊的理性时代开了端，其在亚里斯多德死后之第二次出现，却标明希腊哲学之式微了[②]！其中略可称述的，有学园派的阿塞息劳斯（Arcesilaus），他比苏格拉底更

① 现通译为“西塞罗”。——编者注

② 见Weber书，页一五〇。

进一步，以为自知无知之事也不可能。又有同派的卡尔尼亚底斯（Carneades），他觉得神的观念不能存在，因为：神或善或否，倘若善，那么神就要服从另一个叫“善”的律则，可见神不是最高；倘若不善，那么神就还下人一等，更不足贵了。还有感觉派的诺萨斯人厄尼西底玛斯[①]（Aenesidemus of Cnossus），他从个人不同、感官不同、位置不同、习惯不同，所得就不同，因而推论知识并不可靠；又反对因果观念，以为因与果或同时，因或在果前，因或在果后，依第一说则因与果无从分别，依第二说则因与果不相接，依第三说则假设时即已悖理；所以因果观念不能成立。这很像后来的休姆[②]（David Hume）。

逃脱了怀疑论的是当时一部分科学家。科学须靠实验，只因这时科学方法尚未确立，所以在科学上专靠实验的一部分还是一时不得发展；可是纯思维性质的数学及带数学性质的物理学却都有了长足的进展。例如阿基米得[③]（Archimedes）之发明比重，发明杠杆原理，以及亚里斯塔库斯[④]（Aristarchus）之欲

① 现通译为“埃奈西德穆”。——编者注

② 现通译为“休谟”。——编者注

③ 现通译为“阿基米德”。——编者注

④ 现通译为“阿里斯塔克”。——编者注

以太阳中心说代替亚里斯多德的地球中心说，都是可称道的。埃及北部的亚历山大城（Alexanderia）尤其是这时的一个科学中心，代替了昔日的雅典。这里有可惊的大博物馆，在公元一世纪时，藏书达七十万卷。欧几里得（Euclid）的《几何要旨》（*Elements of Geometry*），即完成于此。

但是不久，这科学运动为二世纪时的罗马集权政治所阻遏，折中主义（Eclecticism）于是得势，学园派、逍遥学派、斯多亚派皆混为一色。这时人既不能创新，便生一种怀古的幽情，把古人神化，只作迷信式的文字上的饾饤工作了。加之基督教已有势力，在这种空气中乃主张所有宗教原是一家，除《圣经》注释之学外无所谓学。因为大家嗜古，真经典还不够炒陈饭，遂更有伪经（apocryphal Literature）充斥起来；这情形像中国汉代，可怜现在国人还有在迷梦中的！

为希腊心灵作最后一次回光返照的，是新柏拉图派（Neo-Platonism）的哲学家普劳提纳斯[①]（Plotinus）。普劳提纳斯是埃及人，生于公元二〇五年，卒于二七〇年，约当中国汉末至魏晋之际，和阮籍同时。他的思想是一种“流出论的泛神主义”（emanatistic pantheism），万物自神性流出，又复

① 现通译为“普罗提诺”。——编者注

归于神，神是超越的，是不可形容的，因为形容神就等于限制“他”了。神不必有美、有善、有智慧，因为神就是美、就是善、就是智慧。柏拉图之神高于实在，但不能高于理念，普劳提纳斯的神却连理念也高出了。

万物自绝对体（神）而流出，犹如光之自日、热之自火、结论之自定理然。万物既经流出。有意无意间却便有一种要再返还的冀求。流出物是有层次的，第一流出物是智性（intelligence）[①]，智性之中有一些有一定数目的理念，理念之数目和个体等。第二流出物是灵魂（soul），灵魂出自智性。灵魂之欲复归智性，亦犹智性之欲复归神性然。灵魂则有其名象（notions）。第三流出物是形体（body），形体出自灵魂。形体则有其形式（form）。形体之后，始有所谓纯粹物质（pure matter），物质是“非实体”、是反统一、是不协调、是丑、是恶。

因为灵魂居于智性与形体之间，所以可上可下，这就是自由意志所在，也是道德责任所在。最高的道德，是灵魂的纯化，而逐渐没入于神性之中。达到的路径（或阶段）有三，即艺术、爱情和哲学。艺人寻理念于感官表现之中，情人寻

① 或译作智慧，以智慧则有人格意义了，故改今译。

理念于人类灵魂之中，哲人寻理念于智性世界或“神”之中。倘若达到了，则有一种忘我的至乐境界。他讲“忘我”，有点像庄子，他讲“没入于神性之中”，有点像孟子的“上下与天地同流”。他们三人原有一个共同点，这就是“神秘主义”[1]。

① 参看冯友兰《中国哲学史》页一六四及页三〇四。

# 第二章　在教会权威压抑下作为近代精神之潜流的经院哲学

中世纪是一个教会的世界，哲学脱不了教会背景，先是拉丁神父对哲学歧视着，但为了争辩，哲学却慢慢为他们所吸收了。因此整个中世纪中，时时回荡着雅典大哲学家的回声。这时的中心问题，不用说，是信仰与理智的如何调和，亦即神学与哲学的如何交流，亦即希腊的精神遗产如何为一新民族——西欧民族——及其新精神所改制或化装。信仰与理智是分而合又合而分的二者的合，是经院哲学（Scholarticism）之成立；二者之分，是经院哲学的告终，中世纪哲学为教会所压制，“犹如河流限于峡谷，谷愈窄，流愈深，哲学既不能越过教会经典，只好企图深入其中，深入的结果，却把它倾覆了”[①]。经院哲学分两期，第一期是受柏拉图精神支配的时代，

① 见Weber书，页二〇二。

第二期是受逍遥派哲学（即亚里斯多德主义）支配的时代。

开端者是圣奥古斯丁（St.Augustine）。奥古斯丁是非洲人，生于公元三五四年，卒于四三〇年，是中国晋末到刘宋初年的人物，和他并世的是我国大诗人陶潜。奥古斯丁是由希腊思想而度入经院哲学的中间人物。他一方面是哲学家，一方面是宗教家，哲学家的他时常和宗教家的他相冲突，他的可爱却就在此。——他是时代的象征！他的名著《忏悔录》（*Confessions*）和《神之城》（*City of God*），都栩栩有生气。他以智慧与上帝同视，有了智慧即有了上帝。真哲学即真宗教。但是信仰却在理智之先，要去懂一件事，却先须要去信它。他很想抬高神的地位，所以反对万物自神流出之说，而主张万物由神创造。可是他常不能维持其立场，他又觉得神仍受"绝对之善"的支配，这就是他的矛盾。灵魂的存在，他也有一个证明，他说假若你疑惑它不存在时，你就是已经在思想了，在思想，却便是证明灵魂存在着了。——这是后来笛卡儿"我思故我在"一名言的先驱。

由于奥古斯丁的介绍，经院哲学受了柏拉图主义的影响，在受柏拉图主义影响下的经院哲学，可注意者有四人：这就是伊烈基那[①]（Scotus Erigena）、圣安瑟伦（St. Anselm）、阿柏

① 现通译为"埃里金纳"。——编者注

拉德[1]（Abelard）和圣微克忒之嚣俄（Hugh of St. Victor）。

伊烈基那是经院派中第一个伟人，生于爱尔兰，活动于九世纪中间，是中国中唐时代韩愈同时人。他很博学，拉丁文之外，又通希腊文、阿拉伯文。他觉得哲学之对象应该和宗教同，所以哲学即信仰之学。由他看，世界在神中，神亦在世界中（世界以神为生命、为常德、为灵魂）。神为未显现之实体，世界为实体已显现者，二者实是一而二、二而一的。神是不能形容的，我们不说神善，因为神超乎善恶之别；即实体也不能用来形容神，因为实体就与“非实体”对待，可是神超乎这种对待。神是不能定规也不能理解的，神是“绝对的无”（absolute nothing），是“永恒的神秘”（eternal mystery）。人类灵魂的深处也同样神秘，因为那即是神之所在故。“恶”并没有实质的存在，善才能真地存在，实在与完美乃是一事。行善之报，即在可与神通；而邪恶之报，则在自悔自责之痛苦。

圣安瑟伦在一〇三三年生于意大利西北部亚俄斯塔（Aosta），于一一〇九年卒。这在中国已经到了宋朝，是周濂溪、邵康节、张横渠、程明道、程伊川一般人奠定理学基础的时代了。圣安瑟伦有“圣奥古斯丁第二”之称，也主张“信

---

① 现通译为“阿伯拉尔”。——编者注

以求知”。无信仰之人，将永无了悟之时。虽说如此，安瑟伦自己的求知欲却极强，他对于“最高实体”不只要肯定，还要拿证据来。在他百思不得时，他曾忘了寝食，他甚而觉得这样思索怕是魔鬼的作弄而想放弃了，但是枉然。——中世纪的人总有这样的矛盾！最后，他思索出来了，他说万物之原因或为一或为多。倘为一，则此“一”即神。倘为多，则有三可能：一是多源于一，二是万物各以其自身为原因，三是万物各以其他诸物为原因。由第一说，是万物源于多因，而多因又源于一，这就等于万物之原因为一了。由第二说，既然万物各以其自身为原因，则必有一共同力量，使万物各皆如此者在，既有此共同力量，便又等于一因了。由第三说，则此物既靠其余诸物为原因，而其余诸物之任一物又不能脱离此物为原因，是一物自为因果，当然不通了。由此可见神之存在。神不可形容，神超越一切。对于“道成肉身”（incarnation），即上帝化身显基督之事，他认为必要，因为人的罪恶是不可计量的，以人有限之生命，实在偿赎不了这许多，所以只好由神代罪。由此而人类被谅、被恕，也被救了。

阿柏拉德的贡献在调和这时的“实在论”（realism）与“唯名论”（nominalism）之争。实在论以“共名”为实在，唯名论以“共名”不过是空名，这其中有教会的背景。

假若理念、或其名或其相，不过是空名，那么，那唯一无二的天主“教会”（the Church）不只是一个集合体，反而各别的教堂或个人是实在了吗？假若个体是实在，那么，人类生来就有的罪孽深重（original sin），岂不也是空话了吗？假若个体是实在，那么三位一体也就不可靠了，岂不只有天父、圣子、圣灵，而不能有一个唯一的上帝了吗？所以站在天主教会的立场，实不能允许唯名论的存在。主张唯名论的有洛塞里纳斯[①]（Roscellinus），因此他在一〇九二年便被斥责，强迫撤销其学说。阿柏拉德对此次争端，却以“概念论”（conceptualism）调和之，阿柏拉德是法人，生于一〇七九年，卒于一一四二年。因恋爱一高僧之女哀绿绮思（Heloise）之故，曾被逐、被囚、被焚书，终生不宁。他主张共名即存于个体，在个体之外之共名，只是以“概念”的形式存在而已。他很热情，极羡慕希腊，他有时置希腊哲学于以色列（Israel）的圣书之上。他不主“信以求知”，而且以轻信之人为非。恶并非罪，恶是善的条件，因为善就是斗争，斗争便须先设下对手。这宛然是后来菲希特[②]（Fichte）的口吻了。

① 现通译为“洛色林”。——编者注

② 现通译为“费希特”。——编者注

圣微克忒之嚣俄是日尔曼[1]人。他是中世纪第一个伟大的神秘主义者，和代表法人精神的阿柏拉德正作一个好对照。他生于一〇九六年，卒于一一四〇年。他觉得神是绝对不能理解的，神超越了一切人类的概念。神不但在我们的理解之外，甚而我们也不能用任何比方去悬拟神。了解神是不可能的，只有信仰神。在阿柏拉德，不可理解的神是不可能的；在嚣俄却只有不可理解的神，才配是最高的实体。灵魂与精神是同一原则，就其离身体而独立言时，是精神；就其予身体以生命言时，是灵魂。

以上是中世纪哲学的第一期，受柏拉图精神支配的情形。在这一期中，教会就等于柏拉图的理想国；共相高于殊物，全体统制部分。但慢慢有一种自由思想起来了，提出了许多难以应付的问题。例如，神之创世是否预知？假若预知，预知了而不得不去创造，神之自由何在呢？倘若不预知，那么，神之无所不知又作何解？创世之前，神在何处（神不能在天上，因为天也是神所创造）？倘若人无“原罪”，可以不朽么？如果那样，人如何生殖？难道小孩一生下就是大人么？圣子可以成“人”，天父和圣灵何以不行呢？神化身为女子是否也和化身为男子同样容易呢？……这些不易答复的问题便使许多神秘

① 现通译为“日耳曼”。——编者注

宗教家舍弃理论而只重实行，又使有些人看出信仰和理性之未必符合来。这种自由思想至一二〇〇年（即中国朱子逝世的一年）而达于极峰，教会是需要新的武器以资应付了，这便找到了亚里斯多德的学说。这成了经院哲学的第二期。

经院哲学的第二期，开始于十三世纪，这要感激阿拉伯人，由于他们物理学和本体论（ontology）的著述，大家对逍遥学派有了兴趣。在十一、十二世纪以前，亚里斯多德不过只被人视为一个逻辑家而研究之，而且这研究也是肤浅的，现在知道亚里斯多德还是道德家、物理学家、形上学家了，可是教会在起始对亚里斯多德的书还是歧视的，直到一二五〇年以后，才发现可以利用，于是宣布谁反对亚里斯多德就是异端，一变而成正统哲学了。原来亚里斯多德曾主张神存在于宇宙之外，这正可以作为抵抗泛神论的援军，泛神论则往往求救于柏拉图。同时，教会对于“自然”这观念之兴起感到不容易应付，其棘手与对于现代型的欧洲国家之兴起同，潮流既不可抗，于是转思顺势驾驭之，这样便又找到亚里斯多德了。现在和第一期大不同，那时只是在普泛的意味下的信仰与理性合而为一的问题，所以思想还比较自由些，现在变成将思想要强符合于亚里斯多德的文字（文字当然比较更固定些）的问题了，思想受压迫当然更厉害。只是这样一来，无疑将亚里斯多德的权威抬高于教会之上，经院哲学中自不得不加入一新成分，科学的精神和分析的兴趣便活跃了，结果促成经院哲学的告终。——这其中有种辩证性的发展在！

受亚里斯多德精神支配的经院哲学又分为两个小段落，前一段落是所谓“半唯实论的逍遥主义”（semi-realistic peripateticism），后一段落是所谓“唯名论的逍遥主义”。前一段落中，有两个特殊的人物，一是阿奎之圣多玛[1]（St. Thomas of Aquin），二是邓司各脱斯[2]（Duns Scotus）。

阿奎之圣多玛为意大利人，死于一二七四年，享年五十左右，生的时日则不很确定。他的哲学完全是以复述莱西亚姆学派（即亚里斯多德学派）为事的。他对于后世影响很大，我们现代哲学上的语汇，大半即源于圣多玛。圣多玛分实体为二类：一是实在的实体；二是只为抽象或消极意义的实体，后者如贫乏、无知等是。在实在的实体中又分为二小类：一是为单纯的常德的，亦即只有一种常德或纯粹形式者，此即神；二是为形式与质料相合而成者，此即万物。神为形式之形式，无生灭。形式愈不完全，愈需要甚多之个体以实现之；形式愈完

① 现通译为“托马斯·阿奎那”。——编者注

② 现通译为“邓斯·司各脱”。——编者注

全，则此种个体可以愈少，神为纯粹形式，并无质料，故亦最无不完全之点。神即真理，故神存在。（因为，假若你反对神存在，即必须据一真理而后可，既有所据之真理，那么神还是存在了。）亚里斯多德所谓潜在之与实在，圣多玛便比作自然之与神恩、常人之与教徒、国家之与教会、帝王之与教皇、哲学之与神学；总之，前者是手段，后者是目的。神的意志并非随便任意者，乃具必然性的。人之理智亦然，其向善为必然的。有时而向恶，只是由于感官情欲的打搅而已。这样说，便无形中把理性抬高了，可见教会信仰已渐趋动摇。就在圣多玛的时候，哲学已取得巴黎大学四科之一的地位，哲学无疑是要抬头了！

邓司各脱斯是苏格兰人，生于一二六五年，卒于一三〇八年，是中国宋末元初的人物。死时才三十几岁。可是他终不失为经院哲学中极煊赫的一人。他认出了哲学与宗教之别，他说哲学家之不同于神学家者即在问：人是否在理性所不能解决之问题外仍需要超自然的方法？他自己却是在二者之间的，他一方面是神学家，他以为《圣经》与教会应当是哲学思想之最高准则，但他另一方面又是哲学家，则以为《圣经》与教会之所以为准则乃是因为合于理性，从此可知“宗教改革”已早有其潜流。不过，邓司各脱斯是反对多玛的主智主义（intellectualism）而别倡主意主义（voluntarism）的，正如叔本华之与黑格耳之对照然。他觉得主智主义的结果，势必至减削神的权威和人类的自尊心，因此他又反对阿柏拉德所说神之创世为不得不然，更反对多玛所说神所创之世为不得不完美，他却给神以完全自由，爱创不创是神的自由，爱创什么就创什么，更是神的自由。至善之为绝对，只因为那是出自神之“意志”而已。神之规律，唯有“自由”。因为邓司各脱斯重自由，他觉得理想与现实只以结合在个体中而为实在，他无意中遂推崇个性，而成了颠覆教会思想的极大助力。他很近于唯名论，而且以意志置诸理性之上，无异抑推理而重经验与观察。时代在转变着！

经院哲学的第二期之后一段落是“唯名论的逍遥主义”。代表人物有英人奥坎[①]（Franciscan William of Occam），他大约生于一二七〇年，卒于一三四三年。他说，假若照唯实论的看法，共名可以在好些事物中而存在，但是同一事物是不能同时存在于好些事物的，所以共名不是一件事物，也就不是一种实在了，却只是标明几种相似的事物之记号而已，只是名字而已；也可说除了个体之外，并没有真实的东西。由于主张唯名论，也就怀疑科学，因为科学正建在共名上，就是神学，也在

① 现通译为“奥卡姆”。——编者注

怀疑之列。科学应当归于神，人只可以有信仰，让教会的僧众只讲信仰好了，空洞的科学还是闭口不谈吧！唯名论不但把信仰与科学的联系弄松了，把教会和世俗的关系也切开。奥坎的唯名论本来是表示效忠于教会的，但是大势所趋却和这时国家生活、现代语言等同一消息。把凯撒以来所统驭欧洲的种种羁绊挣脱了，自阿柏拉德时所一度压抑了的唯名论（那是在十一世纪），乃经过二百年而再兴，这次却只有胜利而无失败了。

像奥坎那样的哲学家，虽不承认关于神学的“知”，但还维持神学的“信”。另一般人却更进一步了，如麦邱列亚人约翰（John of Morcuria）竟主张世上所有万物，无论善恶，皆受神志的支配；罪恶宁是善而不是恶；屈服于不可抵抗之诱惑，亦不能以罪恶视之。又如奥特列古里人尼哥拉（Nicolas of Autricuria）竟主张假若放弃亚里斯多德及其注释家之学说而直接研究自然，得真理当更易，也更快些；我们固可意想神为一最实在之物，但如此之神确否存在，我们实不能知之；宇宙是无限且是永恒的。这是一三四七和一三四八年的事。自然科学由亚里斯多德著作之重习和阿拉伯人之影响也兴盛起来。英国的僧人罗哲尔·培根[①]（Roger Bacon）便是根据这种科学运动

① 现通译为“罗杰·培根”。——编者注

而主张改革当时教育最力的一人，他不特主张要观察自然，学习语言，而且已见到数学的演绎与实验方法有相互为用之妙；便自己对于光学并有所发明。

另一方面神秘主义依然得势，它是曾给经院哲学的冷酷推理以不少温暖的。但由神秘主义之故，信仰之事毋宁重在去信仰的主观，而不在被信仰的对象。它所冀求的是一种冥游于神界的宗教生活。他们甚而反对逻辑，而只重感觉，那教会中种种幼稚的琐屑问题，以及亚里斯多德那枯燥的范畴探讨，当然更不足以餍这派人的希望了。所以，教会中的官场哲学竟成了各方面都不讨好的东西。

中世纪也许是欧洲人睡得最浓的时期吧，但那希腊精神的残像却还不时在梦中浮现，同时那隐伏的新活力也常常要冲决而出！中世纪的教会颇像一个蛋壳，说是它限制了小鸡的活动固然可以，说是它保护了小鸡的成长更可以，无论如何是时机一到，壳只有被里面孵好的小鸡冲碎了，而跳出来了！

# 第三篇　近代哲学

# 第一章　近代人的精神生活之渊源及其特征

在二千五百余年的西洋哲学史中，属于希腊哲学的是三百多年，属于中古哲学的是将近一千八百年，都已叙述过了。现在要说的乃是将近五百年的近代。

中古和近代以公元一四五三年为划分。一四五三年是新罗马（君士坦丁堡）为土耳其人攻陷的一年，许多希腊学者逃往意大利了。因此促成了欧洲的“文艺复兴”（Renaissance）。文艺复兴是欧洲文化史上第一件大事，但是这个运动并不是一刹那间的事，用中国成语说，却实在是“源远而流长”的。其始，并非以一四五三年而始；其终，或者到现在还没终。就大处看，一四五三年（中国明代宗景泰四年，距王阳明之生只有十九年），却终不失为有意义的一年，这是因为浪潮虽然起自远处，可是终有翻银滚雪、浪花最飞溅的一瞬，过此却只是余波汹涌而已。假若以经院哲学中的唯名论看作那起自远处的浪潮，则人文主义、宗教改革、启明运动[1]、新人文主义便都是那此起彼伏的汹涌余波。这余波一直到了十九世纪而未静止。现在还在潺湲若闻之中。

假若不拘泥字面，文艺复兴实即代表了近代欧洲精神的整部。她虽以恢复古典文化的真面目为事，但实在不限于恢复了古典文化的真面目，却更创造了一个光华灿烂、富有活力的新世界。

对于古典文化的真面目之恢复，这事要远溯于十字军的东征。——十字军是欧洲基督教文明与其东（小亚细亚）、西（西班牙）、南（北非洲）三面包围的回教文明之争。在一二〇四年，是第四次十字军战争的时候，君士坦丁堡曾为十字军所占领，于是西方的学者已得窥希腊的宝藏。诗人但丁、小说家布卡丘[2]（Boccaccio），尤以提倡希腊文学为事，在一四三八年，拜占庭（Byzantine）教廷派学者到佛劳伦斯[3]（Florence）去，其使命本是调和两教会之冲突的，但结果却成为将东方古典文化向教皇的治下宣扬的重要使节。一四五三年，君士坦丁堡陷后，由于许多学者之逃往意大

① 现通译为“启蒙运动”。——编者注

② 现通译为“薄伽丘”。——编者注

③ 现通译为“佛罗伦萨”。——编者注

利，意大利乃成了近代文艺复兴的大本营，于是荷马和味吉尔[①]（Virgil）的宗教乃代替了基督教了。

由于希腊原文的研究，人们知道真正的亚里斯多德并不与教会中所利用的相符。教会的威信因此大为减色，例如有一个大胆的学者叫庞坡纳修斯（Petrus Pomponatius）的，是一四六二到一五二五年间的人，就提出灵魂不朽之说是否为亚氏学说之推论的问题，他的答案却是一个“否”字。他又说假若为行善的报酬之故而有不朽之说时，则不朽之说更不可靠，因为那样的“善”先不可靠，行善而有善以外之目的，便是伪善了。灵魂不朽之说既破，一切宗教便都动摇了。此后关于古典文化的真面目之发掘，可说一直在努力着，在一七六四年而有温克耳曼之《古代艺术史》（*Geschichte der Kunst des Alertums*），这是发掘古典雕刻的真面目的；在一七六七年而有莱辛（Lessing）之《汉堡戏剧论丛》（*Hamburgische Dramaturgie*），这是发掘古典艺术理论的真面目的；到了十九世纪前半，我们有拉布鲁思特（H. Labrouste）和奔鲁思（F. C. Penrose）的著作，古典建筑的真面目才予以大白。近代的尼采，亦仍在作希腊古典哲学真面目的解释和阐发。可知欧洲的

① 现通译为“维吉尔”。——编者注

文艺复兴，确以发掘古典文化的真面目为始，但这工作到现在还在继续，所以说“源远而流长”！

发掘古典文化的真面目之结果，人类重有了自觉；神本主义变为人本主义（Humanism）了！出世变为现世了！教权束缚变为个人自由了！对自然不是敬畏而是想控制了！生活由偏枯而重新要求调和、要求完全、要求多方面了！当这种思潮澎湃于宗教方面时，遂有了宗教改革（Reformation）。宗教改革运动的巨吼是发自和中国王阳明同时的马丁·路德（Martin Luther）。在文艺复兴的开端是由意大利作中心的，现在却轮到了富有神秘主义色彩，注重情感意志的德国。路德以一五一七年十月三十一日作了五十九条檄文，攻击当时的教皇出售赎罪券的事。这便是宗教改革运动的爆发。路德的运动，是争信仰的自由，他要求人可以直接与神交往，不必经过僧侣的操纵，人为的赎罪券，当然是不合理之尤。路德以此事在一五二一年入狱，但他在狱中将《新约》译为德文。这又是一件很有意义的事。从此《圣经》普及化了，教会所操纵居奇的局面便不能维持了。那以教会为本位的信仰，遂改为以《圣经》为本位，这就是人类为争信仰上之自由及解放的成功。路德并于一五二五年实行娶妻。这表现了由出世而改为了入世的近代精神！初时的“人文主义”，或者在情感方面的解放上还没有得到发挥者，现在乃由“宗教改革”而得到补偿了。这种理性自觉的精神，到十七、十八世纪，又表现而为“启明运动”。

在十八世纪与十九世纪之交，一般研究古典文化的学者却又进了一步。因为以前所知道的只是希腊末期的文化状况，所吸取也只是形式的，实未窥得希腊文化的真精神，所以现在乃作了更深刻的一种探求，于是才获得希腊古典文化最内在、最永久的部分，这就是人性之调和、自然与理性合而为一、精神与肉体无所轩轾、善在美之中、每个人应当是各方面的完人，等等。这种审美的、主观的、自由的、浪漫的新理想，就是所谓“新人文主义”（Neo-humanism）。海尔德[①]（Herder）、宏保耳特[②]（Wilhelm von Humboldt）、席勒（Schiller），都是这一运动的代表。只有到这时，欧洲人才算真正接触了古典文化的神髓；也只有到这时，欧洲人才真正取得了古典文化中最有益的成分，那么健康、那么和谐、那么完美、那么充实，不唯值得一个时代的人去向往，恐怕值得人类永远去追求！

从人文主义、宗教改革、启明运动，到新人文主义，都是

① 现通译为“赫尔德”。——编者注

② 现通译为“威廉·冯·洪堡”。——编者注

由一个巨流所奔放下来的。源头是希腊文化的发掘，结果是人类理性的觉醒。但同时，对近代欧洲文明推波助澜的，却又有三件大事：

一是征服自然的工具之进步。例如指南针、印刷术、火药、望远镜等之使用皆是。征服自然原是中世纪的“新柏拉图主义者”就有的一种观念，他们以为只要有某种秘方、法术，就可以控制自然。这很近乎中国道教的一部分理想。只可惜他们的手段，却都不是真正可以达到他们的目的的。所以结果只能有魔术（theurgy）而不能成为科学。合宜的手段是什么？就是合宜的工具。所以指南针、火药、印刷术、望远镜的出现，实在是几件大事！你看，有了指南针，而后有哥伦布在一四九二年之发现美洲，有麦哲伦（Magellan）在一五一九到一五二一年之绕行世界一周。有了火药，而后国家的防御力量加强，统驭的地面加大，殖民地的占取加易了，所以科德司（Cortes）征服墨西哥不过用了五百五十名壮丁，那就是因为有八尊小炮[1]。有了印刷术，而后知识可以普及，教育可以自教廷里解放而出，谁也不能垄断了。有了望远镜，而后宇宙

① 参看陈之迈译《欧洲近代战争小史》（英A.H.Atteridge原著），页三（重庆独立出版社版）。

的密藏也得试探，所以哥白尼敢在一五四三年（中国明嘉靖二十二年）提出太阳中心的革命假设，由凯卜勒[①]（Kepler）在一六〇九年而加以证实。这都是撼天震地的大事业。世界扩大了，财富扩充了，知识普及了，宇宙改观了，这真是征服自然的大成功，这成功当然要归功于征服自然的工具之进步。单有雄心是枉然的，单有工具而不使用也是枉然的，必须二者配合，才能有成绩。中国人所当急起直追的亦即在养成这“运用工具”的观念和习惯！

二是数学思想之变革。数的观念和古代完全不同了，古代人对于数的观念是一种可计量的、一定的大小；近代人对数的观念乃是当作一种“函数”，亦即一种变动不居的作用[②]。解析几何和微积分完全是近代人的产物。死板板的思想方式，是代以十分空灵、十分想象，想象而至于极其虚幻的了！这是一个大变动，假若征服自然的工具之进步，是改造了人类在归纳方面之求知的领域时，则这种数学的思想之变革，实在可说范铸了人类在演绎方面之思维的世界，归纳和演绎两方面的进步合起来，便如虎添翼，这造成了近代欧洲人科学的张本、哲学的

① 现通译为“开普勒”。——编者注

② 此点在本书第一篇第一章第三节时已论及。

张本，甚而艺术[1]之崇高、人生之繁复，无不为所笼罩！

三是国家权威的观念之形成。这要溯源于意大利的一个大政治家兼爱国者马基亚外利[2]（Nicolo Macchiavelli），他的整个系统是建诸只问目的不择手段上，亦即明言政治和道德的分离上[3]。国家有无上的权威。他是十五世纪的人，但他的观念却一直支配到现代[4]。这可以说是西方帝国主义的"霸道哲学"之最初并最佳的代表。偶然一想，似乎这种说法太过火，但是仔细一想，却正是实情，欧洲人要征服世界、要征服宇宙、要征服自然；同时学说讲征服，艺术讲征服，爱情讲征服；处处有一种搏斗的气势。这不是霸道是什么？一人的征服力量究竟有限，乃以同一语言（这也是近代国家形态之异于中古者）之民族国家为斗争单元。为便利斗争（无论征服或抵抗征服）计，国家权威遂有置于绝对的地步之必要。中国人对这一点却很隔阂，也很忽略。吃亏后还多半茫然，原因乃是由于中国文化是

① 西洋的绘画和音乐皆有科学背景，此所谓科学又不只限于狭义的、归纳的自然科学，并包括数学。

② 现通译为"马基雅弗利"。——编者注

③ 参考Weber书，页二六四，脚注二。

④ 持唯物史观的人一定要讥笑这句话，"观念"如何能"支配"。但是同一时代，何以竟有人主张唯心，又有人主张唯物？唯物论者又为什么仍事宣传？所以，即唯物论者也只是受一个观念在支配而已。

真正太和平了！我们该绝对珍惜这种文化，但是同时却须明白别样文化以及取舍、御守之策。

以恢复希腊人的生活作为主潮，加上征服自然的工具之进步、数学观念的变革和国家权威的观念之形成，遂构成了近代人精神生活的内容。近代的哲学，就是在这种精神生活下的开展。

# 第二章　科学的方法论之确立

什么是科学？科学之所以为科学，不在所研究的对象，而在研究时所持的科学精神、科学头脑、科学态度和科学方法。科学精神在求真，科学头脑在分析，科学态度在客观，科学方法是实验和严密的推理。是这样，就是科学；不是这样，就不配是科学。在近代的科学运动中，我们可以找出两个代表人物来，一是伽利略，一是培根。

伽利略（Galileo Galilei），于一五六四年生于意大利的比萨（Pisa）。在比萨这个地方，他研究了他的哲学、物理学和数学，同时也养成了他对于文艺的爱好。在希腊的大思想家中，他爱柏拉图，爱阿基米得，却不大喜欢亚里斯多德，在他制作了一个望远镜和发现了木星（Jupiter）的卫星以前，他在一六一〇年已公开承认了哥白尼的太阳中心说，这是他日后遭祸之由，当时的知识界真够顽固得可以，就是伽利略已用望远镜证实了的天文现象，他们也不承认，并且为维持自己的迷信计，连望远镜也不使用了；单怕看出有和自己的迷信相冲突的东西来，失面子。从前对信从哥白尼的学说的人是烧死。这回对伽利略却是让他起誓由他自己说自己的不是。是一六三三年，他六十九岁了，逼他起誓说以太阳为宇宙中心之说乃是邪说，应当弃之，并且发誓以后不论用文字或口头再不加以援引了。他不得不发这样的伪誓。他这伪誓的结果，内心上自然极为痛苦，但却换得了九年的生命，又作了好些科学工作。一六四二年，他死了，享年七十八岁[①]。

伽利略在科学上有两句名言，一是科学除自身外不依赖任何权威，二是一切推论必须从观察和实验得来[②]。由头一句话就可见科学乃是求真的，乃是只以真理为依归的，那么，不特教会不能作为权威，《圣经》也何尝可以作为权威！为科学而科学，舍科学外，一无他物，这是所有真正大科学家的共同精神。由第二句话，便可知科学方法实包括归纳与演绎二者，缺一不可。因为，倘若只用归纳法，天地间的一事一物便须件件观察过、实验过，才能得某种道理，这是不可能的；倘若只用

---

① 据H. Höffding，*A History of Modern Philosophy*, Trans. by B. E. Meyer，卷一，页一七三至一七六。

② 见瞿译《哲学史》，卷三，页三六。

演绎法，则必不能有新的发现。

照伽利略的意思，应当第一步用归纳，即以知觉观察事物，但不只以观察事物的“性质”为事，却尤重在“计量”；第二步用演绎，演绎却不是亚里斯多德式的推论演绎，而是“数学的演绎”，例如物体下落一事，我们可先计算既经观察过的事实，以成一数学的假设，由此假设，以验之于未尝观察的事实，倘若无误，便是一条可以成立的自然律了。星体的运动，是不能实验的，便都由那数学的演绎而得。归纳一过程是分析的，演绎一过程是综合的。一般人讲科学方法，往往只知道前一步对事实的观察，而没有注意到后一步对于观察所得而作的演绎，更没有注意到这种演绎乃是数学性质的，这是伽利略的过人处。

科学上的自然律是不是没有例外呢？伽利略早见到了：是可以有例外的。但这例外一定有原因，原来自然律者乃是一种理想的规律，其用在化繁为简，是为将要观察的事物作下的一种根据而已。所谓自然律是一种“理想”的规律，这就是说，所有其他“事实上”的干涉成分都没有计算上去。例如“在真空中物体下落的速度应该相等”一定律，在“事实上”就有空气之稀薄与浓厚的影响在，但倘若空气愈稀薄到近于真空时，则物体下落的速度亦必愈近于相等。这种速度之差，依然是可以计量的。我们从此可知真正的科学，不只在求定律，而且求定律之例外，又求定律之例外之所以然。

科学的方法论，到了伽利略已经算很完全了。但是倘若以通俗而论，却又有一位更有力量的人物，这就是培根。培根（Francis Bacon）本人不是科学家，而是政治家。他是伦敦人，在一五六一年生，在一六二六年卒。他有雄辩的口才，曾为枢密大臣，后来却为受贿去职，并受了重罚。西洋的哲人和中国的哲人不同，西洋哲人每每只以学识见重，中国哲人则更须人格有修养、极圆满、有所谓“圣贤气象”，才能受人崇敬。西洋大哲之人格，当然亦有极高极纯者，但是一则他们并不重视此方面，二则此种人格与其学说之联系不如在中国哲学上表现之密切。

培根于一六一二年（明万历四十年）出版了一部《新工具》（*Novum Orgauum Scientiarum*），这却是划时代的一部著述。这部书代表了近代人对于自然科学的一般呼求，这部书代表了英国人传统的实证精神。

培根认为：有为科学建筑一新基础的必要。古人除了德谟克律图斯以外，观察都太少，也太浮薄。经院派的学者更像早已失掉了对于真实之事应有的感觉似的。所以我们的知识充满偏见、充满偶像。偶像有四种：一是部落的偶像，就是人类共有的假设；二是洞穴的偶像，就是由于个人天性或习惯而来的偏好；三是市井的偶像，就是语言中的因袭意义，人们用时却并没加以思索；四是剧场的偶像，就是哲学上武断之说，已成为令许多人去服从的权威了，无人再加以自己之判断。人们常以己意推之自然，例如我们爱正圆，正圆是给人快感的呀，于是就推论行星的轨道也是正圆的了。人们都不图理解实物，却只在争虚文。“自然哲学”始终在被污的地位，初污于亚里斯多德学派之逻辑，继污于柏拉图学派之神学与数学，所以自然哲学不唯不能发扬，而且奄奄待毙了！

哲学的唯一出路，则在冲破那许多先验的系统（a priori systems），亦即和希腊及经院哲学的传统完全绝缘，而接受归纳方法。传统的哲学亦有所谓归纳，但例证还嫌太少，结论还嫌太快。真正归纳法，亦即近代的科学方法，乃在决不凭极少的例证，就忙着得最普遍的律则。反之，却是耐心而仔细地研究事实，其得一定理必是有条不紊地、一步步地渐渐地不急于得结论，这是科学的真精神，因为科学在求真，倘急于得结论，便仍是自己的意气用事了，便够不上客观，便够不上科学。中国一般人讲科学方法的，却往往不能把握这点真精神，但倘若这点真精神不能把握时，则虽口口声声讲科学，仍必至落入武断和迷信里去。近代的自然科学，其成绩固然在能够支配自然了，但是用培根的话讲吧，“要利用自然者，却先须服从自然”。服从自然，就得虚心和耐性。

倘若说培根是近代科学及实验方法的始祖，自然有些过火。反之，培根倒是十六世纪科学运动发生后的产物，他的宣言，也毋宁为那一个科学运动的结论。不过，近代科学方法虽不是培根所创，但将这种方法强调起来，以雄辩的声势抬高起来，却仍是培根的功劳，许多人想说而不敢说，甚而连向自己承认都不敢，培根却说出了，这就是一件大事情！

抑又不止此，培根虽没创实验科学及其方法，但是培根却的确创下了“实验哲学”，谓之为近代实验主义的哲学之始祖，却是当之无愧的。照他看，哲学与科学乃是休戚相共的，只有多出的一个形而上学，却是废物。因此，他曾说：“千万不要以为我们要建立什么哲学的学派，像古代希腊人，或者一部分现代人一样；因为这一则不是我们的命意，二则我们也不觉得那对于自然之空论及万物之原理等会跟人类的福利多么相关。”[1]也不止反对亚里斯多德，而是反对一切“对于自然之空论”，换言之，即一切不建诸科学之上的形上学。

对于最后因，他很攻击，他指为是“不生育的处女”。对

① 见《新工具》；此据Weber书，页二九九，引。

于神学，他的意见是教条乃信仰之对象，并非科学之对象。把理性与信仰截然划分，这是他和经院哲学直对处，经院哲学却是要将哲学与神学合而为一的。

不过培根对于神学，还似乎放在“存而不论”的地位。持进一步的态度的，乃是培根的友人霍布斯（Thomas Hobbes）。他是一个唯物论者。唯物论者往往是无神论者的。霍布斯又以主张专制著称，他说无论在形上学上、在伦理上、在政治上，自由是不可能的。在国家犹如在自然界，一律是“强权即公理”（Might makes right）。他是马基亚外利的一个绝好同调。他又说人类除了能语言之外，并没有高出禽兽的地方。利害为一切评价之标准，这都是唯物论者的面目。因为他的世界中毫无理想成分，当然看不出人类有高出禽兽的什么地方，以及利害之外还有什么别的标准了。科学不一定与价值冲突，科学与价值只是不相干涉而已，唯物论就不同了，唯物论势必蔑视价值，势必破坏人类的美善理想。唯物论乃是人类精神偏枯了的病象。科学并不鼓励唯物论，正如它不排斥唯物论，但是唯物论却每每挟科学以自重；所以在论科学方法之际，不能不附及之。

# 第三章　理性论派的三大代表
## ——笛卡儿、斯宾耨萨、来布尼兹

在自然科学的精神已得到很好的发展的时候，表现在哲学上的是理性主义（rationalism）。理性主义往往发展在大陆，所以哲学史上也称他们为大陆派，我们所要述说的三个代表人物，一是法国的笛卡儿，二是荷兰的斯宾耨萨，三是德国的来布尼兹[①]（Leibniz）。这三个人物都是第一流的哲学家，令人钻研起来无穷无尽；他们的影响，也是继续不已、不可计量。

笛卡儿（Descartes）一五九六年生于法国，一六五〇年卒于瑞典。他大部分的生涯，都消耗在国外。他的著作，最有名的是《方法论》（*Discours de la methods*）和《沉思集》（*Meditationes de prima philosophia*）。中国和他并世的人物是顾亭林、黄梨洲、王船山，他死时已是中国顺治七年了，中国各地正被清兵杀得血腥。

---

① 现通译为“莱布尼茨”。——编者注

要明白笛卡儿，先不要忘了他是数学家。他是以一个几何学（解析几何学）者而有着形上学的趣味的，却并不是以一个哲学家而爱好着几何与代数。他的哲学，原只为数学的扩充，他的野心就在将几何学的方法应用于普遍之学，使几何方法成为形而上学的方法。他说他之爱数学，乃是因为其证明之确实与明显（certainty and evidence），但他却还没有找出数学之真正用处来，他虽然觉得数学只可为机械的技艺之用，却又终觉得在这如此坚实而稳定的基础上而不曾建起一种更崇高的机构是大可惊异的。他又说，像数学上这样单纯而简易的长串推理，几何学家既可以用了去成功他们那最艰巨的证题，那么，为什么人类所有思想的事物不可以落在同样的联系里去？而且“假若每一个人都谨慎着接受任何事情，凡不是这样推理而得的，就不要以为真，并永远小心着保守那由此至彼的演绎推理之谨严的步骤时，他便会无远弗届，无隐弗显了！”[①]

以几何方法而应用于形而上学，使形而上学为一精确可靠之学，这是笛卡儿一派的主要思想。他先从定理、定义出发，然后又有许多推论由之演绎而得。

他从怀疑入手，感官所得既常常欺人，所以一切知识皆可

① 见《方法论》第二部，此据Weber书，页三〇六，引。

疑。不过，笛卡儿的疑不是空疑，却是“疑以致知”，和安瑟伦等人之“信以求知”正是一个好对照。笛卡儿的疑，是一个方法，得鱼可以忘筌，所以他不唯没陷入怀疑论者的阵营，而且成为理性派的领袖了。

他是由怀疑而入于肯定的。他说，“我怀疑”，这是绝对可靠的。可是去疑就是去想，那么，“我去想”这件事也是可靠的了。去想却等于存在。所以，“我存在”也是可靠的了。因此，我思，故我存在。这是一个基本原则，从此遂可以建立一个很巩固的系统；这是因为所有命题假若系由一公理必然地推论而出者，则此等命题之可靠必如其所从出之公理然。

我存在之一事虽已知其可靠。但是在我之外，为我思想之对象者是否也可靠呢？何以知其非自己所造之幻想呢？笛卡儿的解决是根据有“神”或“无限而完全之实体”而知其可靠，而知其非幻想。“神”一观念，决非我思想之产物，因为我之思想乃有限的、一隅的、不完全的；以一有限之因，自不能产生一无限之果。神之观念既非来自我们，则非来自神不可了，由是神便非存在不可了。我存在，神存在，二者既皆可靠，则有形的世界之存在，亦必可靠。这是因为神既存在，神为造物者，我之信万物存在乃由神而来，神必不能欺我。由是而得三实在，即神、我、有形之世界是。其定义则如下：神为无限的本质，万物皆赖之，而未尝有赖于万物；灵魂为思想的本质，物体为广袤的本质（an extended substance）。所谓“本质”（substance），就是一物之存在不必需他物以成其存在者。

观察与推理为笛卡儿系统之基础，先验的演绎则完成其结构。本质既为不需他物以成其存在者，则符合此真正意义者只有神足以当之而已。于是笛卡儿以“相对而有限的本质”（relative and finite substance）称除需神外不需他物以成其存在者；以“状态”（mode）称乃依为其本质者之物而存在者；以“属性”（attribute）称本质之基本性质，倘本质失之，则必不能存在者。

“心”与“物”都是（相对的）本质。思想即为心之属性，广袤即为物之属性。心决不具物之属性，物亦决不具心之属性，二者并不沟通。物是被动的，动必有外因。物质界除“必然”外，无其他律则。心则主动，其律则为“自由”。物界之中，无不广袤；心界之中，无不思想。物质界是一副机器，含有一套运动，而最初之发动者即为神。就人论，灵魂与身体也是在两个世界中，身体受必然性的支配，灵魂受自由意志的支配。灵魂因为不隶属于身体，所以可以不随着腐朽。

笛卡儿只能见其分，在笛卡儿三十六岁的时候，世界上却又出了一个能见其合的伟大的哲学家，这就是斯宾耨萨。斯宾耨萨（Baruch Spinoza），一六三二年生于荷兰的阿姆斯特丹（Amsterdam），他的父母是葡萄牙的犹太人。——犹太人自从公元七十年耶路撒冷（Jerusalem）为罗马人攻陷后，便成了各地的流浪者，这其中有一大段悲壮的史实在，斯宾耨萨起初依父命学神学，但不久就露出对于自由的哲学思辨之爱好来了，因此他于一六五六年被逐出了荷兰的犹太教会。这时他才二十四岁。据说当时问他是否说过神为有形之物，天使为幻影，灵魂即生命，《旧约》中未论及永生等话？假若他认错，则教会不但不处罚他，还可送他五百元年金，但是他毅然拒绝了，所以遭了驱逐。驱逐时有驱逐的仪式，是用一些恶语去咒骂他，例如处处逢凶、不得好死之类，同时并禁止任何人与他来往，这也是很刻毒的一种制裁。此中自然不只是教会的问题，还有民族的背景，因为犹太人失国后，是以教会为爱国心的寄托的，所以对于异端格外不能容忍。可是斯宾耨萨终于出走了，于是在各地流浪起来，最后定居于海牙。他于一六七七年死在海牙，不过四十五岁！他的生活是清苦而澹泊的，不娶，亦不仕，常以磨镜为生。著作以《伦理学》（*Ethica*）为最著名。有人说此书在重读时仍可不失为一本新书，三读时则使人不禁而爱哲学了[①]。黑格耳有言，想作哲学家，须先作一个斯宾耨萨学者；其价值之大可以想见。歌德就是受他影响很深的。

斯宾耨萨的思想，是笛卡儿关于本质的定义之一种逻辑的推论，又是笛卡儿的方法之一种圆满的应用。斯宾耨萨以纯粹演绎推理为未足，乃进而采取几何学的形式。当他讲世界、讲人类、讲人类之感情时，他实如欧几里得之讲线、讲面、讲三角然。他从定义出发，并不问此等定义之最后因如何，亦正如几何学家未尝问“三角形内角之和等于二直角”之最后因然。并不是由于他的方法，领他到数学的决定论，却是因为他先有决定论的观点，才使他采取了那样的方法。他和笛卡儿、柏拉图、毕达哥拉斯一样，认为哲学是数学之概括化。

斯宾耨萨的哲学，是先有定义，后有演绎的。其基本观念是本质、属性和状态。他对于这三者的定义是：所谓“本质”（substance），是存在于其自身，由其自身而可意想，亦即不须任何其他概念以资意想之者。所谓“属性”（attribute），是由理智可见其为本质之常德者。所谓“状态”（mode），乃本质之变化，亦即存在于其自身外之他物之

① 见Durant书第四章。

中，亦且由其自身外之他物而可意想者。

以下乃是他的演绎。首先，是关于本质之学说。由本质之定义，则可推论：（一）本质为其自身之原因；因否则即将为他物所生，而失其为本质故；（二）本质为无限的；因否则即将为有限，亦即将为其他本质所限，而隶属于其他本质故；（三）本质为唯一的；因否则互有限制，不得独立，而亦失其为本质故。所以，只有一本质，不隶属于任何物，而任何物均隶属之。以其纯为自身所决定，故可谓绝对自由者。其自由又可谓相当必然（necessity），但不相当强然（constraint），因必然决诸己，而强然由外力。神之必为一事，如圆之必有相等之半径然；此皆其自身之性质决定之，非假外力，故称为自由的绝对之自由，既非强迫，亦非任意。

本质为永久的，且必然的。本质不能为一个体或个人，如宗教中所想象之神然，因如此则为一有定之物，而有定之物便不过是一种相对的消极物（relative negation）了。本质无理智，亦无意志，因这都是先假定有人格然后有的。神之所行，亦不必有目的；因倘其目的在善时，则神乃依神外之物而行事了，这与定义不合。斯宾耨萨亦称神为宇宙之因，但其所谓“因”有特殊意义，原来这是像苹果为其红之因，牛乳为其白之因然，而非如父为子之因，日为光之因然。后者之因皆外在的，斯宾耨萨所谓之因则为内在的（immanent cause）。神为宇宙之因者，并非谓神一度创造之、推动之，即不再闻问，乃谓为万物之永恒的底层、为宇宙之最内在的质料。神与宇宙可谓同指一物，这就是自然（Nature），自然视为万物之源，可视为万物之效能之总汇，亦可。斯宾耨萨非“无宇宙论者”（acosmist），亦非无神论者，却是一个在严格意义之下的泛神论者，或“宇宙神论者”（cosmotheist），并非宇宙万物之外别有神，宇宙就是神，神就是宇宙万物。令人不禁想起大诗人歌德了！

其次，是关于属性之学说。本质含有无穷属性，每一属性都是表现神的常德之某一方面的。人类所可知的属性则有二，即广袤与思想（extention and thought）。物与心，并不如笛卡儿所说之在相反对，二者乃同一本质之不同二面、一物而二名而已。本质为绝对无限，因为无物限制之。属性则为相对无限，因就其自身言，固为无限，但就另有其他属性限制之而言，则为有限。本质可包括所有存在之物，属性则不能，即如无限之广袤而不能包括无限之思想及由思想所成之心，思想则不能包括广袤及由广袤所成之形是。各个属性都构成一个世界，所以，由广袤即有物质世界，由思想即有精神世界。因为属性无穷，世界也无穷，在心物之外，更有非心非物，不据时空的许多世界，只是非人类的了解所可及而已。

前说本质无理智，此又谓其有“思想”一属性，岂不是矛盾吗？其实不然。斯宾耨萨之神非有人格者，有思想而可以不必意识其有思想。蜘蛛结网，何尝知道几何学？大自然亦运思而不知其运思，其思想是不意识的、是一种本能、是一种比理智还高的先见，但却不是真正理智。

斯宾耨萨之说非唯心论，亦非唯物论。因为他不企图以心释物，也不企图以物释心，却各自释之。但又认为二者系同一本质之表现，故将身心运动之何以符合亦迎刃而解。这都是他的卓绝处。

最后，是关于状态之学说；广袤的变化是动与静，思想的变化是知与意。这些都是相对性的世界，这些状态是无限的，正如属性然。但每一无限状态又构成无限系列之许多有限状态，故由运动而得“诸体”（bodies），由知与意而得“诸心”（minds），心与体皆有限。心与体非相对性的本质，亦非无限的状态，乃宇宙本质之变化而已。无限状态与有限状态之分，即如运动一事固为永久，而个体有形之物乃可生可灭；知与意二者固亦永久，而个体之智性乃属暂时。其中有隶属关系，而吾人之思想与灵魂亦然。此等个体有形之物及个体之智性，皆以灵魂而存在，其存在为暂而非久；然灵魂则以本质而存在，其存在亦一时而非永恒。

身心为一事之两面，故二者相应。感觉初用时常混淆，此即成见、谬妄所由来。想象只可以见偶然，唯理性可以见必然；必然乃真正科学家之唯一口号。关于神之完全观念，亦唯理性能之，想象则否。意志与理智在根本上原为一事，故二者常平行。意志在本能状态时只为被动的，唯与最高之理解相应，即为理性所烛照者，始可称为一主动之能力。主动即不能受任何限制。在感情中者乃在被动状态，乃一奴役。只有理智可以解放之，能理解万物者即已得绝对自由。“感情”当吾人可为之得一清晰之观念时，即失其为感情。善者即理解之能力而已。善即强，即主动，恶反之。故恨、怒、妒、惧、悯、悔、企求，数者皆为恶。真刚健、真勇为者，即真有德者。他不为人祸所败，不为自己过错所败，这才是大勇。他知道一切是神性之所必然，所以他乐观。神之所为，皆依必然，故人不能恨之。不能恨之，遂只有爱之。哲人于其观照神之所为时，乃有一种圆满和易之乐，此时神我为一，主客皆化，斯宾耨萨特称之为“对神之智性爱”。此乃常乐之源，亦即精神上之不朽。形体之死，遂使哲人坦然视之。斯宾耨萨思想的超绝，在中国只有孟轲、庄周可以比拟。

笛卡儿以心物对立，其所不能合者，斯宾耨萨合之于本质。斯宾耨萨能见其“一本”了，但又不能见其“万殊”，见其万殊者则是当斯宾耨萨十四岁时而生的一个大哲人来布尼兹。

来布尼兹是斯宾耨萨思想上之反对人物，即其生活亦恰成一对照。斯宾耨萨始终在穷困迫害中，而来布尼兹则始终在煊赫得意中。他有天才，也有财富；他有学识，也有名位。他曾说：“各事各物皆是在最佳的、可能的世界为最优异的人预备着的！”这真是天之骄子的口吻。他以一六四六年生于德国来比锡[①]（Leibzig），以一七一六年享寿七十而卒。中国到了产生颜习斋、李恕谷之学的时代了。他主要的著作是《单子论》（*La Monadologie*）。

笛卡儿的看法是分的，斯宾耨萨乃合之于静的本质。至于来布尼兹，倘就对笛卡儿言，也是合的；却合之于动的能力（force）。但是若就对斯宾耨萨言，却又是分的，其整个宇宙观乃是民主式的许多单子（monads）。

单子论是对一方面是广袤而无意识的本质与另一方面是意识而无广袤的二元论而发的。单子论乃是说宇宙为许多单子所构成，这些单子是无广袤的，但却或多或少地带有一点意识而

---

① 现通译为“莱比锡”。——编者注

已。灵魂之中亦不只有意识的思想，实更含有无意识成分。否则吾人何以有不能分析的模糊之见呢？物质之中，亦非绝无主动，否则相吸相拒，光与热，又何以解释呢？原来世界各事各物都是动的。物质之惰性即含有抵抗在内，抵抗即是力量，即是一种活动。可见构成有形之物者，并非广袤，而是主动之力。无物不动，无物无力，万物皆无止息。我们所能见的，只是力的效果；力的本身是不可见的，来布尼兹所谓“力”，有似乎斯宾耨萨所谓“本质”，但是很大的不同马上就来了，后者的“本质”是无限的，并唯一的；而前者的“力”则是有限的，且是多数的。有活动就是有力，现在既事事物物有活动，而各有一活动中心，所以也该有许多单纯而不可分的原始的力在，其数当与万物之数等。万物之数有限故“力”之数亦有限。这些原始的力或“单子”，可以用“物理学上的点”或“数学上的点”拟之，不过它和前者不同，因为它无广袤；它和后者也不同，因为它有客观实在。来布尼兹特称之为“形而上的点”或“本质的点”。每一单子都成一个体，皆系离其他单子而独立存在者，其形状、性格、态度，全操诸已。

单子不受外力之干涉，各个单子之个性亦永永存在。单子并无任他物可以出入之窗牖，各个单子皆为一独立世界，怡然自足，囊括一切，并表现整个宇宙。这和朱子所谓“统体是一太极，然又一物各具一太极”（《语类》卷九十四）相似。但如此说，岂不是宇宙没有统一了吗？这又不然。原来来布尼兹又有“单子类似说”（analogy of monads）和“预先调和说”（pre-established harmony）以释之，单子在构造上本有类似，而且先有一种调和，故虽独立而不碍其统一，正如不同的钟表都可报同样时刻然。

单子的不同只是程度不同而已。知觉是普遍的，并不限于人——知觉原不必是感觉。知觉高下之差只在明晦，在意识与否。单子无窗牖，应不能知觉自身以外之事物，单子原为“大宇宙”（Macrocosm）之反映，故仍可间接知觉之。以反映完全与否而有高下之别。人对于宇宙可以有清楚而不紊之观念者，即由其对宇宙之反映甚确切而忠实故。所有单子，皆反映宇宙，而程度不同，方式亦异。单子之完整，既有高下之别，遂有统治或服从之事，不过此所谓统治并非强迫，乃由其自身所决定如此。正如一建筑，其柱无数，而各得其所，柱头自向上，柱座自在下，此是当然，并非迫使。

从单子之构造相似，及预先调和说，身心动作之一致，自无难解处。单子之行为，亦不须时时受神干涉，因为神为一最精巧之表匠，“他”的表自制成后即甚完全，而不必时时拨对。来布尼兹说：“身体与灵魂，都若各行所无事然，但却彼此又似互为影响者。”[①]

单子为永存的，其来源与世界同其悠久，人类之灵魂实早前存，甚而可谓前存于无机界中，若许多胚芽然。严格言之，无所谓生死，不唯灵魂不朽，动物本身亦不朽，只有部分的破灭而已。不朽亦非神恩或特权，乃一形而上的必然。蟪蛄不见较人为夭，天使不见较人为寿，死不过为永恒的生命之一转换点，单子之发展不已中之一时期而已。单子亦有变化，生命即永久变化之谓。目前每一情况皆为前一情况之逻辑的结果，又为后一情况之逻辑的原因。每一单子之自由，如斯宾耨萨的本质之自由然。但自由并非不受制于已。

诸单子均为被创造之单子，另有一不被创造之单子，此即“诸单子之单子”（the monad of monads），亦即神。超乎理性者，不必背乎理性，神即如此。神亦守永久律则。这就是来布尼兹的宇宙观被人们说是“民主的”的缘故了。

① 见《单子论》第八十一节。

# 第四章　英法德之启明运动

欧洲自文艺复兴以来，宇宙是新的了，人也是新的了。不过头二百年，大家所注意的只是新宇宙的问题。次百年，大家才注意到人的本身问题。注意到人的本身问题的时期，我们便称之为启明运动的时期。以希腊哲学史喻之，前一时期乃宇宙论时期，谈的是天道；后一时期乃人事论时期，谈的是人道。

启明时期是抬高人的地位的时期，所以个性的呼声也特别高。在形而上学上，人们多半接受笛卡儿的二元论，说者称为“常识哲学”。这时的哲学问题是人类内部生活的问题，即问人类究竟知道多少？人的知识之范围与限制何在？假若只研究日常生活的事实，而不求诸经验之外时，是不是可以更快乐些？其态度为批评的，亦为功利的。当时因为重个人，所以一时作自传的人很多；又因为重个人，对社会的批评以及与社会的冲突也很厉害。

启明运动先源于英，次及于法，后及于德。这时哲学家很多，但特出者却少[1]，现在只说洛克、巴克莱[2]、休姆、伏尔泰、卢骚[3]、乌尔夫和莱辛七人而已。

洛克、巴克莱、休姆都是英人。他们都是奥坎和两位培根的同乡，所以都颇有反神秘而主实证的倾向，这代表了英国人之一般的哲学精神。洛克（John Locke）以一六三二年和斯宾耨萨同时生，以一七〇四年后斯宾耨萨三十七年而卒。因为研究医学，使他发觉经院派的空虚。他的名著是《人类悟性论》（*Essay concerning Human understanding*），其主要目的在阐明我们观念由何而来，我们知识之可靠与可达者何在，以及哲学当知人类理解上之限制而放弃对不可知之事之推求等。洛克不承认有所谓生来即知的真理（innate truth），假若有，为什么初生之婴儿或白痴者对某些真理会不知道呢？生来即有与有而不知是矛盾的，道德原理亦非生来即有，倘若生来即有时，为什么各民族并不一律呢？果然生来即有，道德的教育便不可能了[4]！实则许多道理都是习得的，一溯其源，不是从保姆

① 参看瞿译《哲学史》卷三第六章。

② 现通译为“贝克莱”。——编者注

③ 现通译为“卢梭”。——编者注

④ 此可与荀子之反对性善说相比较，荀子亦就教育立场，认为倘人性善，岂不是教育不必要了？

就是从老妪听来的。儿童的心灵，实如一页白纸，许多东西乃是后来印上的。

真理不会生来即有，因为组成真理的观念就先不是生来即有的。人类除饥寒等感可在母胎时或即已有外，新生的婴儿实在什么观念也没有。神一观念，也非天生，如果天生，为什么还有无神论者？即在有神论者，他们的神的样子也彼此相去很远。心灵原来一如空板（empty tablet），经验为我们一切观念之源，亦为我们一切知识之本。我们由感觉（sensation）而知外界之事，我们由反省（reflection）而知内部之事。语言上可以证明一切知识源于感觉，例如精神（spirit）的原意是呼吸（breath），天使（angel）的原意是信差（messenger），都是由显而至隐，遂为人所不觉察罢了。思想完全靠感觉。

观念有单、复（simple ideas and complex ideas）之分。简单观念由感觉及反省而得，心只可受之；复合观念则心可以造之。唤起观念之外在原因不必为积极的，有时可为消极的，例如构成冷、暗、休止等观念者便是。

观念并非实物不过代表实物，正如名称不过代表观念，却并非观念。可以唤起观念者，洛克称为对象之性质（quality）。性质有初性、次性（primary qualities and secondary qualities）之别。初性如固体性、广袤性、运动性乃与物体不可分者，亦即物之真性；次性如色、声、味等，不过由初性而生生于吾人之感觉中者而已。次性完全以人而存在，如血之红色，倘用显微镜视之，则只见无数红血球，而失掉血之红色。

由观念之构成，可知人类悟性有下列各种机能：（一）知觉，（二）保留，（三）辨别，（四）比较，（五）组成，（六）抽象。因有抽象作用，故可以化繁为简，而不必事事物物各赋一名。此各种机能，自知觉而愈上，心灵遂愈处于主动地位，不过无论如何繁复之观念，一溯其源，则皆得自被动之感觉。有限与无限等观念亦不过为“数量”一观念之变形。洛克认为无限空间与无限时间终只为消极观念，在实际上（actually）吾人实未尝有此等观念之积极的经验。

关于本质（substances）的复合观念，如人、马、树等，实不过由许多简单观念聚合而成，并非如经院学者及笛卡儿等以为本质乃一支持者（substratum），仿佛事物之底层，而产生各种性质。洛克以为本质即此等性质之聚合，背后一无他物。倘我们知识越此一步，如形上学所要求者，即是妄举。

名之初起，都是专名。用之渐久，所代者非一，遂成共名。共名为人类理解上之创造物，而非属于实际事物者。所以世间并无不变之种属，无论如亚里斯多德所持在万物之中，或如柏拉图所持在万物之外，并属子虚。种、属、共相，不过空名。过去形上学者之传统错误，即在误以空名当实物。我们的知识，却当只以感觉所得之观念为限。知识是否可靠呢？洛克对此乃是肯定的，他说倘若一人见火而疑其存在时，则可伸手于火中而感觉之，实感而痛，便可知火并非虚象，人对火的知识也并非幻觉了。洛克的哲学是完成了奥坎以来的唯名论，又揭开近代批评哲学的序幕的。

洛克论性质有初性、次性之别，以为只有初性为物之真性，初性乃生于吾人之感觉。至巴克莱（George Berkeley），则更进一步，谓即初性亦系人之主观所生。巴克莱生于一六八五年，卒于一七五三年，其主要著述为《人类知识原理》（*Treatise on the Principles of Human Knowledge*）。依巴克莱之说，则物之广袤性、运动性亦唯存在于可以知觉之之心中。不被知觉或不知觉者即不存在；客体（objects）之存在必不离乎知觉之主体（subjects）。被知觉之物即观念（idea），故外界之物与吾人对此外界之物之观念乃是一事。观念系被动者，故不得为任何物之原因；为观念之因者乃精神（spirit）。以精神之可知觉彼观念言，可称为悟性（understanding），以精神之可创造或施作用于彼观念言，亦可称为意志（will）。

然人之意志实不足以造观念，故必有神之存在。外界之存在，唯系诸一思想之本质而已，至如经院学者以为物质界有一底层或诸性质之支持物，则既不能知觉，又不能被知觉，乃决不存在者。或者以为山河大地倘吾人不知觉之之时，岂不也不存在了吗？也不然，巴克莱原来假定有多数精神实体，故即不为人所知觉者，亦可为其他精神实体（如神）所知觉，故仍能存在如故。巴克莱的学说是无心外之物（心不必限于人心），使哲学上许多难题，如物质能否思想，物质何以能作用于精神等，都一扫而空。且亦不至陷入怀疑论，如以为物之真性为不可知等。哲学本要求统一，就此点论，巴克莱是成功的。“其说似来布尼兹，而清晰、自圆、勇决、确定处则过之”[①]。

洛克一方面假定精神本质之存在，一方面又假定物质本质之存在，巴克莱却把他的物质本质取消了，以为物质也不过是观念。倘若比巴克莱更进一步，便会把精神本质也取消了，精神本质也何尝存在？只有经验是一切！这样彻底的经验论者便是休姆。休姆（David Hume）生于一七一一年，卒于一七七六年，和中国的戴东原、章实斋同时。他的问题是：以人类的心灵能够解决本体论的课题么？当作追究万物之内在常

① 见Weber书，页三九七。

德与初性原因之学的形上学可能成立么？休姆反对观念论，也反对唯物论，他却要问知识之先决条件，以及知识之限度。他不是怀疑，而是批评，正如后来康德之批评然。他说知觉有两种，一为印象（impressions），较活现；二为观念（ideas）或思想（thoughts），较不活现；观念或思想乃系印象之副本。最遭休姆所批评者为因果观念，他不承认这是先天的，事实上吾人亦从不曾对某事某物有因果之感，不过依风俗习惯，倘遇二事相续者，如热之与焰，则一呼曰因，一呼曰果而已。但休姆的说法究竟不能叫人满意，说一切观念来自经验，试问“必然”一观念究竟如何而来呢？经验中的例子是有限的，经验不会告诉我们在一切情形下如何如何，所以不会给我们必然性的真理。至于相续就成因果观念也不尽然，日之与夜，相续最久了，为什么从来没有人以为是有因果关系在呢[①]？

英国的启明运动，不久就影响到了法国。法国的启明运动可分为二期：一是就知识上争解放的时期，以伏尔泰为代表；二是就实际上争解放的时期，以卢骚为代表。伏尔泰（Voltaire）生于一六九四年，卒于一七七八年。他是一个多方面的天才；文笔极勤快。他反对懒，他曾说：“除了闲人，

① 见Weber书，页四八二，脚注二。

都是好人。”他一生有好几次入狱，好几次被逐，都是因为和社会搏斗。他反抗性极强，处处以理性为归。他说：“我们要借笔与口使人们更文明更善些。”这就是他的志事。他临死时自赞道：“敬神爱友，不恨仇敌，深恶迷信而死”[①]，可知他始终是一个战士的。他对于英国文化吸收甚博，他爱洛克，并研究牛顿。他的思想虽不深刻，当时影响却是很大的。

卢骚（Rousseau）更是一个天才，他的书中充满了智慧。我独独奇怪为什么一些人对他那些惊人的智慧熟视无睹，却斤斤于攻击他行为上小小的失检！他生于一七一二年，卒于一七七八年，与伏尔泰死在同一年。中国的戴东原是死在他们前一年！卢骚的《爱弥儿》，有无比的热忱，卢骚的《忏悔录》，有无比的坦白。卢骚是一个伟大的灵魂，这是毫无疑问的，可怜中国的浅见者流，也学苍蝇，要在英雄身上找一点瑕疵！卢骚与伏尔泰相反，他揭橥的不是理性而是感情，他认为文化是有毒质的，已经成为不平等的根源。改革之道，当由教育入手，教育以平等自由为第一义。法国大革命的成功，不能不归功于伏尔泰和卢骚！

启明运动的潮流最后入于德国。德国的代表人物是乌尔

---

① 见Durant第五章第十节。

夫和莱辛。乌尔夫（Christian Wolff）生于一六七九年，卒于一七五四年。乌尔夫是宣传来布尼兹最力的一人，但他把来布尼兹误解了，来布尼兹哲学中之“主动的力”一概念，为他所解释掉了，却代之以思想与广袤的二元论。这是笛卡儿，而不是来布尼兹！不过无论如何，来布尼兹乌尔夫学派成了一种力量，支配了德国思想界好些时候。

真正解释了来布尼兹的却是莱辛（G. E. Lessing）。莱辛是一个文学批评家，生于一七二九年，卒于一七八一年。他把当时模仿法国的空气纠正了，他把英国的莎士比亚介绍入德。德国文学得以在正常的状态下生长，以莱辛之力为多。莱辛作了来布尼兹到康德之间的桥梁。

在启明运动中，似乎德国最冷落，加入也最迟，但是德国却接着出了一个绝大的人物，可以比肩于柏拉图的，这就是下一章要说的康德！

# 第五章　近代哲学之极峰（上）

## ——康德

假若说西洋哲学史上只有两个哲学家的话，这两人应该一是柏拉图，一是康德。假若只许举一个哲学家的话，恐怕康德却比柏拉图更够资格些。一部整个西洋哲学史，几乎不过是预备康德和发挥康德。研究哲学倘若由康德入手，便可说是得着一把逢锁即开的钥匙（master key）了。

康德（Immanuel Kant）[①]以一七二四年即中国清雍正二年，生于东普鲁士之哥尼斯堡（Konigsberg），以一八〇四年即中国清嘉庆九年，享寿八十而卒。纪晓岚和康德同年生，后康德一年而卒。这正是中国学者为清廷所牢笼，把聪明睿智束

① 可参看著者“康德《关于优美感与壮美感的考察》”一译文前之《译者导言》（刊《文艺月刊》十一卷一期）。

缚于考据训诂的时代，近代欧洲的哲学思潮却达到了极顶。康德的一生是奇异的，他未尝离过哥尼斯堡一步，一生受学于斯，掌教于斯。他曾教过各种科学，其中也有地理，但他并未见过海，虽然离海很近。他的生活规律极了，在一定的时候构思，在一定的时候和友人用膳，在一定的时候出外散步。因此，村人常以见他散步作为时刻的标准，因为那一定就是下午三点半钟了。倘若散步遇雨了，却就见他那老仆赶着忙忙将雨具送去，因为他知道他的主人不会因落雨而破坏了散步的课程。他一生多病，可是因为生活的规律，得享遐龄。他不曾结婚，无家事之累，所以得终生治学，实现了柏拉图、亚里斯多德所理想的哲学家的生活。他死时，人们以他《实践理性批判》中的两句话："在余上者星辰之天空，在余内者道德之律则"（Der bestirnte Himmel ueber mir und das moralische Gesetze in mir）作为了他的墓志铭。他的胸襟何等高贵、庄严！他的父系亲属的祖先是由休姆的故乡苏格兰迁入德国的，所以他一面有英人分析的、批评的头脑，一面有日尔曼人神秘的、宗教的热情；由前者他遂能予哲学界以若干恰中肯綮之问题，由后者他遂能予文艺界以若干精力弥漫之鼓舞。

按照一般研究康德思想发展的人的分法，以一七七〇年（康德四十六岁）为界限，此前称为批判前期，此后称为批判时期。他的名著自然是三大“批判”，所谓《纯粹理性批判》（*Kritik der reinen Vernunft*），成于一七八一年；《实践理性批判》（*Kritik der praktischen Vernunft*），成于一七八八年；《判断力批判》（*Kritik der Urteilskraft*），成于一七九〇年。这些都成于所谓批判时期。这时他已六十多岁了——真是世界上罕有的大器晚成的天才！不过他在一七七〇年却作过一部《论感觉世界与理智之形式及原则》（*De mundi sensibilis atque intelligibilis forma et principiis*），其中已含有《纯粹理性批判》的端绪和规模了，自此至《纯粹理性批判》之出版，差不多一个字没写，他的十年沉默，正是他的十年酝酿。因此，人们便以一七七〇年为界，作为康德思想发展的分水岭了。

批判前期与批判时期的著作，无论在形式上、在内容上，都有它的特点。普通人读康德的书，都觉得它枯燥、沉闷、冗长，实则这只是康德批判时期的著作之风格才如此的。批判前期的文章却是非常轻快、精悍而富有风趣。批判前期的文章，有很多征引；在批判时期就很少很少了，这是因为他的思想已入于成熟而独立的境界故。康德早年所受影响绝大的人物是牛顿和卢骚，这在第一期里还时常见到那两人的影子。在第二期里，对他思想有很大作用的自然是休姆。

康德思想的两个要点，是立法性（Gesetzlichkeit）和主观性（Subjectivitaet）。他的知识论、伦理学、美学，都是如此。他不讲什么是真，什么是善，什么是美；但却讲如果是真，如果是善，如果是美，都是要什么法则？至于这些法则，是在客观上么？却不是的，乃是在主观上。康德认为这一点很重要，所以他在《纯粹理性批判》的序上，自诩为是哥白尼的功绩。有人认为康德是经验派，根据是他在《纯粹理性批判》中的第一句话，即知识与经验以俱始。要知道康德固非不讲经验，但他所指的却是经验所循的法则。经验所循的法则，在康德看，并不是由经验得来的，却是先验的、超验的；这就是康德哲学被称为超验哲学之所由来，亦即被称为批判哲学之所由来。经验是主观的，康德讲的即主观的法则。分而观之，康德所讲的是主观性与立法性；合而观之，则康德所讲的是主观之立法性。这是康德哲学的核心。影响了康德，使彼处处要寻法则的习惯的，是牛顿的自然科学；影响了康德，使彼处处想到主观方面的，是卢骚的革命情绪。对于自己、对于别人、对于整个人类的尊严性之认识，这是卢骚思想的基础。康德思想实与卢骚默契处甚深，所以无怪乎他为耽读卢骚的教育小说《爱弥儿》而忘了规律的散步了。康德在本质上实是一个热情诗人！一般人之不了解康德，殆尤甚于不了解柏拉图，但我不能不同样吁请了，只是你们不接近柏拉图、康德，却并非柏拉图、康德不接近你们!

现在只就康德成熟期（即批判时期）的思想作一介绍。

第一是《纯粹理性批判》。《纯粹理性批判》中首先问的是，什么是知识？只有观念（如人、地、热等）不足为知识。必须几个观念连起来，有了主词、宾词，换言之，即成为一个判断了，才成为知识。因此，所有知识必须是判断（虽然所有的判断不一定是知识）。判断又有两种，一是分析的，只分析一个观念而没有加入新成分的，如“物体是占积的”，这不足为知识；二是综合的，如“地球为一行星”，行星一观念可离地球一观念而存在，这回之合起来乃是一桩新的事件，这才是知识。所以，只有综合判断才可以构成知识。但是却并非所有综合的判断都可必然地成为“科学知识”[①]，科学知识又须在任何情形之下按之而皆然才行，那就是说，主词、宾词之间的联系须不为偶然的，而为必然的才行。例如物热则胀，在各时各地皆然，就是一种必然命题了；只有这样才是科学知识。

但是我们何以知其必然呢？靠经验是不够的，经验不会把所有例证都给我们。因此，一个后验的判断（a judgment a

① 此所谓“科学”取严格义，有数理的科学意味，非一般自然科学。

posteriori）不足以构成科学知识。那么，只有建诸理性基础之上而后可，亦即必根据于观察，同时又须根据于理性而后可了，这也就是必须为一个先验的判断（a judgment apriori）而后可。所以，科学知识乃是一种先验的综合判断。先验的综合判断是如何成立的呢？亦即科学知识的成立要怎样的条件呢？这是康德批评主义的中心问题。康德认为感官供给判断的资料，理性却把这些资料连起来。任何科学的判断必须有这两种成分。观念论者是忘了生而目盲的人不能有颜色的观念了，感觉论者是忘了白痴纵然敏感也不能了解一种科学的命题了。这就有因为前者忽略了感官成分，后者没注意到理性的、先验的成分。因此，《纯粹理性批判》中便分为两部分，一论感觉，一论真正理解。

论感觉的一部分称为《感觉力批判》或《超验的感觉论》（*Transcendental Aesthetik*）。什么是感官知觉（sense-perception）或康德所谓直观（Anschauung）的条件呢？像知识之构成的一般情形一样，直观也是靠两种成分的，一是先验的，一是后验的。后验的成分是接受来的原料，先验的成分是去改变原料的形式。这种形式有二，一为领悟外界的形式，即空间（space）；一为领悟内在的形式，即时间（time）。空、时二者乃理性之原始的直观，先于一切经验而存在着。康德的根据是数学：数学中之算术论时间，由时间相续而成数；数学中之几何论空间，由空间相隔而成形。算术与几何都是有绝对的必然性的；七加五等于十二之可靠性，与三角形内角之和等于二直角之可靠性，都不是有限的经验所可供给，乃是源于理性的。但此等真理所关者为时空，所以时空二直观为先验的。时空不是知觉的结果，而是知觉的先验原则，而是知觉的先验条件。时空并非知觉的对象，却是去知觉对象时的方式，这种方式乃是早存在于能思想之主体中的。时空是人类主观的一副眼镜，但却是拿不掉的一副眼镜，所有万物为人所知觉时便都已经过了它的透视了，因此，人类所知者只为万物之假象（appearance）而已。至于万物之真相，所谓“物之自身”（thing-in-itself），却是永远不可知的。

论理解的一部分称为《理解力批判》或《超验的逻辑》（*Transcendental Logic*）。照康德的看法，知识的一般能力分为感觉力和理解力。感觉力产生直观，理解力则对直观加以改造。理解力中又分而为二，一为依先验律则而对此等直观加以联合之判断力，二为置吾人判断力于普遍观念之下之整理力。前者所关即理解（Verstand），此方面之论述称为《超验的分析》（*Transcendental Analytic*）；后者所关乃狭义之理性（Vernunft），此方面论述称为《超验的辩证》（*Transcendental Dialectic*）。

在《超验的分析》中，他说判断的构成，也是源于理解力中有一些先验的作用的，这些先验的作用，即是凭以判断的一些形式，即所谓范畴（categories）。范畴一共十二个，这是因为判断有十二种。那十二种是：在量的观念上有，普遍（如人皆有死）、特殊（如某些人为哲人）、单独（如孔子为一圣人）；在质的观念上有，肯定（如人生如朝露）、否定（如灵魂不朽）、限制（如灵魂乃不朽之物）；在关系的观念上有，确然（如神至公道）、假定（如倘神公道，则将惩彼凶顽）、选择（如希腊人或罗马人为古代之领袖民族）；在姿态的观念上有，疑问（如行星上或有人类）、确说（如地球为圆形）、必然（如神必公道）。十二范畴可纳之于四，即量、质、关系、姿态。四者中尤以关系为最要，因为一切判断皆表示一关系故。知识能力虽有许多成分，但终有其统一，统一之者即自我（ego）。被认知的万物，乃是经过自我的改制的，万物之本然乃是不可知的。现象是“我”制造的，故在内而不在外！法则是“我”给的，而不是原有的！秩然的宇宙乃是人类理性的创作而已。

话虽如此，但人类的理解力究竟不能达到宇宙的本然，所以在《超验的辩证》中，就论到理性的限制了。康德说在判断力（即理解）之外，还有置吾人判断于普遍观念之下的整理力。此等普遍观念即一些普遍观点。此等整理力，乃理智范围中最高之能力，亦即狭义之理性。此“理性”所具之普遍观念即：物之自身、绝对、宇宙、灵魂与神。普遍观念之作用与先验的直观——时空——诸范畴同。观念即凭以整理判断而归为系统者。所以，狭义的理性乃最高的综合能力、系统能力。科学即由感觉力、判断力与“理性”而成者。

普遍观念亦为先验的，乃一种先天的综合，故不能离开能思想之主体而独立存在。理性只可以知现象，而不能知本相。如神、灵魂与作为绝对全体之宇宙等观念即非现象；因其非现象，故其究竟非理性所知。同时，此等观念亦不接受感觉所供给之材料，如范畴然：此等观念乃最高之规范（norms），乃有统整作用之一些观点（regulative pointe of view）。万物之本相不可知，可知者唯万物之现象，但此知万物之“现象”之“我”可知么？却仍不可知；故我们所谓世界，乃两不可知物之联合，乃假说中之假说，乃梦中之梦罢了。

这都是《纯粹理性批判》中所讲的。

第二是《实践理性批判》。康德在以上《纯粹理性批判》中所得到的，自然是怀疑论的归宿，但这不是康德整个思想的归宿，康德整个思想的归宿是见之于《实践理性批判》。康德并不想降低理性的地位，但却要给它一个应有的地位。理性的作用乃是统整的（regulative），而不是建设的（constitutive）、创造的。建设与创造乃是意志（will）所有事；意志是我们能力的根本，也是万物的根本。这是康德哲学的主要思想。

原来康德并不否认物之自身、灵魂、神等的存在，只是否认单由理智可以证实之而已。在任何形式下的理论理性（theoretical reason）之武断，康德是皆所反对的。只有实践理性（即意志）始具有形上学的建设能力。但意志犹理解，自有其立法性在，不过道德律则只是自我约束，不是他人强迫，所以是自由的。现象界无自由可言，自由唯存于现象界背后之超越世界中。由纯粹理性已知自由存于绝对界，但由实践理性则更确然肯定之。在时空中者自属决定的，然时空非客观实在，乃一种主观知觉之方式，故决定论不能统驭一切。为理想或善意而服役之自由即康德之神，神与不朽在纯粹理性中所不能得一客观存在者，在实践理性中皆各重得一肯定。因实际生活中为主者终为实践理性之故，是以吾人行为时应觉吾人之自由、灵魂之不朽、神之存在、诸事皆若已证实者然。

上面是《实践理性批判》中所讲的。

第三是《判断力批判》。《判断力批判》是要作《纯粹理性批判》和《实践理性批判》之间的桥梁的。原来康德以为在理解力和意志之间，还有作为二者联系之审美的、与目的论的感觉（the aesthetical and teleological sense）在。理解力之对象为真，其所论及者为自然，并自然间之必然性；意志之对象为善，其所论者为自由；审美的、与目的论的感觉之对象则居间于真与善，居间于自然与自由，此即目的性与美。康德所以叫作“判断”的缘故是，审美的、与目的论的感觉在当然（What ought to be）与实然（What is）间，在“自由”与“自然之必然性”间所建立了的那种关系，正如逻辑上成立了一种判断然。

《判断力批判》中第一部分是《美学》（*Aesthetics*）。美感建诸一主观基础，犹理性与意志然。理性构成真，意志构成善，美感则构成美。美不在客观，美为美感之产物。凡为美者，在“质”上为悦人的；在“量”上为悦一切人的；在“关系”上为悦人而超利害、超概念的；在“姿态”上其悦人为必然性的。美与壮观（sublime）有别，美为理解力与想象力间和易平静之感，壮观则予人以搅扰，予人以激动。美必有形式，壮观则为形式与内容间之不能谐和。壮观生于理性与想象之冲突，因理性所意想者为无限，而想象则有其一定之限度故[①]。

① 此处所谓美，旧译优美；此处所谓壮观，旧译壮美。因“壮观”实与“美”相对待，故不取“壮美”一译名。

《判断力批判》中第二部分是《目的论》（*Teleology*）。目的性有二种，一为主观的目的性，其予人以快感系直接的，而不需任何概念之助者，此即物之美者之所由构成；二为客观的目的性，其悦人为间接的，乃借助于一种经验或间接推理者，此则物之有效用者（das Zweckmässige）之所由构成。例如同为一花，可由艺人观之，为审美判断之对象，那就是好看的一朵花而已；亦可由博物学者观之，则为效用判断之对象，那便成了治什么病的药了。

上面是《判断力批判》中所说的。

三部“批判”所论，实以绝对的精神主义（absolute spiritualism）为归，这也就是他之自诩为哥白尼的功绩处。哥白尼给天空找了一个中心是太阳，康德却给现象界找了一个中心是我们主观！

康德的哲学一出，立刻为许多哲学家所欢迎，虽然不一定完全懂得。宣传康德哲学的人，主要的有大诗人席勒（Schiller），他发挥的是康德的美学；还有菲希特，他发挥的是康德的伦理学。

康德哲学中原有绝对唯心论的成分。所谓“物之自身”既不能意想，即不能认为一实在，亦即不认为系任何实有之物，那么，它岂不是只是存在于能思想之主体中，和时空及诸范畴同为主观之物了吗？亦岂不是现象中之不可知物和我们自身中之不可知物，就是一物了吗？“物之自身”和自我（非现象中之自我，乃超时空的自我）亦岂不一而二、二而一了吗？但康德却没说这样显明。持这样显明的主张的是菲希特。康德的哲学不啻是和一七八九年的大革命一样，对形上学有极大的破坏性，但是菲希特、谢林、黑格耳这般革命巨潮中的产儿一出，却又在断垣废墟中将形上学重建了。

菲希特（Johann Gottlieb Fichte）生于一七六五年，卒于一八一四年。他曾到过哥尼斯堡，就学于康德。他是唤起德人反抗拿破仑最力的一人，他那时的《告德意志民族演讲》（*Reden an die deutsche Nation*），就是现在让我们外国人读了，也都为之动容。他的学说，是形上学的原则和伦理学的原则乃是同一的。最高的原则不是实体而是义务（duty），不是“是什么”而是“应当怎么样”。宇宙就是纯粹意志的化身，也就是道德观念之象征。这意志、这观念，便是物之自身，也便是真正的绝对体。知识是自我的创造物。唯心论外无哲学，先验方法外无方法。哲学不在产生事实，而在创造真理。客观世界并非自我之限制，乃是自我故意去创造出来作为自我奋斗的手段的。所以消灭自我，便是消灭世界，命中注定我们是要为不朽事业而奋斗的。自由为最高真理，为最高实在。真正自由在创造其自身，实现其自身。自由之实现其自身，须于时间中行之，故时间为自由之必需助手。但自由之实现其自身，靠单独的个体（经验的自我）是不够的，却须实现于人类社会中，这便是政治权利的所由来。讲自由而归到全体（社会或国家），这是代表我们所说西洋的一种文化传统处[①]。照菲希特看，行动是一切，知识是手段。实践理性是一切，纯粹理性是手段。菲希特的哲学，像赫拉克利图斯一样，是极富有革命性的。但原动力自然是发自康德！

菲希特的学说又影响了谢林（Friedrich Wilhelm Joseph Schelling）。谢林生于一七七五年，卒于一八五四年。他曾在耶纳[②]（Jena）等地方作教授。耶纳是那时浪漫主义运动的中心，菲希特、黑格耳，都和谢林相遇于此。谢林是一个早熟而多产的天才。但思想不很一致，他前一期的思想，自称为消极哲学（Negative Philosophy）。他这时认为自然与精神乃是同一绝对体之二重表现，并非“我”产生“非我”，亦非“非我”产生“我”。斯宾耨萨的本质（substance）实是包括“我”与“非我”之一种非人格的理性。自然是存在

① 参看本书导论第三节。

② 现通译为“耶拿”。——编者注

着的理性（existing reason），精神是思想着的理性（thinking reason），如此而已。二者发展的原则乃是一样的。“自然”有生命，否则如何产生生命呢？所谓无机界实是植物界的萌芽，而动物界不过是植物界发挥到高处。原来自然间并无死物，亦无静物，一切是生命，一切在变，一切在动。当精神为理智或事业时永不能实现绝对体，却只有在为自然中或艺术中之美感时始能之。艺术、宗教，与神之启示（revelation），实是一事，乃较哲学为尤高者。哲学意想神，而艺术即是神。知识为神性之“理想的存在”，而艺术则为神性之“实际的存在”。他后一期的哲学，自称为积极哲学（Positive Philosophy）。他的积极哲学始于一八〇九年，他三十四岁了。他这时的主张是一种主意论（voluntarism），他说绝对体就是原始意志。生存欲望（desire-to-be）乃在一切之先，即神亦非例外。谢林的思想启发了黑格耳和叔本华。但都源于康德。倘若学司马迁赞美老子的话，便不能不说：“而康德深远矣！”

# 第六章　近代哲学之极峰（下）
## ——黑格耳

像柏拉图之后有亚里斯多德一样，康德之后有黑格耳。亚里斯多德虽不如柏拉图之有独创性，但有着可惊的组织力，黑格耳之与康德亦然。黑格耳的组织力，尤为罕见！假若许我用照相作比方，则哲学到了康德，如对准了镜头的一般；照已经拍好了；黑格耳却是显像液、定像液从而有了清晰的轮廓。

黑格耳（Georg Wilhelm Friedrich Hegel）以一七七〇年即清乾隆三十五年生于德国西南部的施徒喜德[①]（Stuttgart），以一八三一年即清道光十一年享寿六十一岁而卒。他死时，中国曾国藩已经是二十岁的青年了，焦循和阮元则和他并世。黑格耳曾经到各地讲学，最后在柏林大学继菲希特为教授。主要著

① 现通译为“斯图加特”。——编者注

作有：《精神现象学》（*Phanomenologie des Geistes*），《逻辑科学》（*Wissenschaft der Logik*），《哲学百科全书》（*Encyclopedie der philosophischen Wissenschaften*）。此外，还有《美学讲义》（*Vorlesungen über die Aesthetik*）、《历史哲学讲义》（*Vorlesungen über die Philosophie der Geschichte*）等。黑格耳实是一个体大而思精的哲人！

照菲希特的看法，绝对体是“自我”，但因为“自我”又必然地为“非我”所包围之故，所以他的“自我”在事实上是被限制了的，因而他的“绝对体”实在够不上绝对；照谢林的看法，绝对体既非“自我”亦非“非我”，却是二者的共同根源，限制固然没有了，但是对“实在”（reality）不免为“超越的”（transcendent），所以实没解释了何以显现为自然与精神之故。黑格耳即救二氏之失者，以为自我与自然之共同根源并非超越乎实在，却是内在（immanent）于实在之中的。绝对体是动的、发展的。动与发展自有其法则，自有其鹄的，此法则与鹄的并非自外而来加于绝对体者，却是内在于绝对体之中，即为绝对体之自身。但是为人类思想与无意识的自然之法则者乃“理性”，为万物之鹄的者亦“理性”，所以绝对体（absolute）与理性（reason）乃是同义字了。绝对体即理性，在无生物中即已具有，继而达于有生物，最后化身于人类之中。理性不唯为思想体之款式，亦且为万物的存在之款式。真正哲学的方法，当一屏成见，任凭观念之自己发展（Selbstbewegung des Begriffs）而随从（nachdenken）之，这种方法，乃是内在的或辩证的（immanent or dialectical）方法。这样的学问即逻辑。——黑格耳所谓逻辑即纯粹概念之谱系学（genealogy），逻辑是论“理性”之抽象方面的；论理性之实现于宇宙与历史中者，则有自然哲学和精神哲学在。

第一，逻辑即纯粹概念之谱系学。纯粹概念之共同根源为“存在”（being）[①]。存在是最普遍的名目（notion），因而也是最空洞的，可转化为任何物。凭什么法则或内在力量而转化呢？那就是“存在”所含有的矛盾性（contradiction）。是白、是黑、是广袤、是善良……凡是什么东西，都是存在。可是倘讲所有存在而没有限制时，却就等于不存在了。所以“存在”内就含有“不存在”（nonbeing）。因为：假若只是存在，那就不能动作，不能产生什么了；反之，只是“不存在”也不行，假若只是“不存在”，则将同样不会有力量，亦将同样一无所成了。存在与不存在之矛盾，我们可用“变

① 通常译为“实体”，然黑格耳用being，实与一般意义不尽同，几经踌躇，乃先译为“实在”，终觉不妥，遂又改译为“存在”。

化”（becoming）一名目以包括之。变化是综合的，综合了存在与不存在。由新综合而生新矛盾，再综合，再矛盾，如是而上，以至于绝对观念而后止。矛盾不只是思想的发展律，也是万物的发展律，因为“自然”不过是“思想”之自我发展，而“思想”乃是意识其自身者之“自然”而已。照传统的思想矛盾律，是说一物不能是甲，又同时是非甲，但黑格耳却偏用动的观点而统一之。如无限与有限，黑格耳便也予以统一，他说无限是有限的本质，有限乃无限的表现；存在着的无限，即是有限。

相反适相成，现象与本质是分不开的，本质是力量，现象是这力量所生的活动，亦即这力量的表现。活动（activity）和实在（reality，Wirklichkeit）是同义字。实在的，必活动；活动的，必实在。静止的绝对体便属子虚。以实在与可能比，“实在”是必然的。因此，实在的，乃必然地为活动的。所以，活动、实在、必然乃为一事。黑格耳哲学是一种革命哲学，就因为他的观点是动的。

因与果也是不可分的。“因”就内在于“果”之中，正如灵魂就内在于身体之中然。并非因为因，果为果；“果”实亦同时为因。试想甲因而有乙果，甲因之为因，乃以有乙果之故而然，可见乙果亦为甲因之因了。实例如，雨为潮湿之因，而潮湿亦转而为雨之因；又如人民之性格系于政府之形式，而政府之形式转亦系于人民之性格。因与果并非一直线，却成为一圜。因与果既为交互作用（Wechselwirkung），所以果之为果只是在某种程度上如此而已，其所具之决定性只是相对的而已。在一长串之任何特殊部分中，是找不到绝对体的。绝对体只存在于特殊的并相对的原因之总合（sum-total）中。每一原因都只于绝对体中分沾一部分，每一原因都是相对地绝对，而非绝对地绝对。在彼“交互作用”中，“存在”所分而为本质与现象者，至绝对体而复合为一，是为“逻辑的全体性”（logical totality）。

在全体性之外，任何观念不能有其实在性。离开全体，也就没有质，没有量，没有力，没有因。自然界无孤立之物，思想中亦无可独立自存者。自由只有在全体中才觅得！

但全体性又有主观全体性与客观全体性之分。主观全体性只是形式而没有质料；只是容器而没有内容；只是一种原则、一种鹄的，而未尝在实际上存在。所以它便有一个倾向，就是要把自己化为客观体，这就是自然界中“生命”之永远的根源，也是历史上“进步”之永远的根源。客观化了的结果就是宇宙，就是客观的整体，就是万物。那客观化的步骤，先是无机界（inorganic world），次是化合界（chemism），最后是有机界（organism）。

主观全体性与客观全体性之对立，却消融于绝对观念（the absolute idea）之中。自理论的观点言，绝对观念就是“真”；自实践的观点言，绝对观念就是“善”。这是最高的范畴，这是存在之最后的发展之称。

第二，自然哲学。造物之思想，亦犹人类之思想然，以最抽象、最暧昧、最难把握者始，此即空间（space）和物质（matter）是。像逻辑中之“存在”（being）一样，空间存在着，又不存在着；物质是什么东西，却又不是什么东西。此种矛盾，乃消融之于运动（movement）。运动将物质划分为分离的许多统一体，这就是天体的所由来。统治天体的律则是机械律，星辰间之所以彼此支持即可以万有引力定律（the law of attraction）尽之。这里是“无机界”，这是天文学的对象。

次一步的进化是物质之质的分化。到这里，变化便是内部的了，不只是地位的更易，而且是本质上的转换了。这里是“化合界”，这里是物理学和化学所有事。

最后一步，则是“有机界”的进化。这是较具体、较完全、较成功的一种发展。为之顶点者即人类之发生。在化合界中便已是一个序幕了，至此乃由原质（substance）变而为主体（subject），由物质变而为精神，由存在变而为意识，由必然变而为自由，这也就是创化的最后目标。

黑格耳说，地球也是一种有机物，这是大自然要“实现其自身”的杰作之一种粗糙的草稿。地球自有其盛衰、变革和历史，这乃是地质学上所要研讨的。由地球的生命之毁灭，而植物界以起。但植物界还不是完全的有机体，因为植物的部分还是偶然聚合，不很连属的。真正成为一不可分的全体者，只有到动物界才有。动物也是按等级进化的，由甲壳类而软体类、而昆虫类、而鱼类、而爬虫类、而哺乳类，完全由同一计划、同一观念施行着，只是愈后愈完全而已。最后到人类，这是动物中最完全的形式，乃是创化的观念之最圆满的反映。在物质界，至此已为顶点，至此已无可再进。但那创化的观念却并非消歇，反之，乃是将其最可贵的宝藏储而置诸精神界中，换言之，即人类心灵中。

第三，精神哲学。精神与自然一样，也受发展法则的支配。“意识”与“自由”并非在人类个体生活之曙光期就有的，乃是进化的结果，乃是历史的产物。人类个体在初时也受支配于盲目本能、兽性情感和自私自利性，原与一般动物无殊。但是理性发达了，于是知道自由并非个人特权，乃是人人都应当有的，从此遂知道法律，从此对自己的自由遂情愿受一些限制。这样，由“主观精神”遂变为“客观精神”。什么是“客观精神”呢？客观精神就是社会。

客观精神之第一步表现即权利（right），各人有具有财产及转让财产之权。转让是在契约（contract）中行之，契约就是“国家”（state）的雏形。个人意志与法律意志（即一般意志，客观精神）是有冲突的，冲突的结果，就发生“违反权利”（unrecht）的事件。但是权利终为权利，终为全体之意志，虽一时挫败，终须获胜。其获胜之表现即“刑罚”（penalty）。刑罚乃是表示权利与理性高于私人意欲，所以虽即死刑亦是正义，亦当维持。刑罚并非为改善个体，乃为庄严律则被破坏后之重新肯定而已。但个人意志与非个人意志之暗斗终是存在的，果欲前者纳之于后者之中，则法律必须变为道德（morality），亦即客观精神必须变为主体。“道德”实现于许多制度中；基本制度是婚姻与家庭，建于其上者即社会团体（civil society）与国家。国家必建于家庭，故婚姻为一种神圣义务[①]。婚姻必须以理性行之。由家庭而成社会团体，但社会团体犹不过谋分子间之个人利益的保障。国家则不然，国家

---

① 到此为止，很可见出和孔子思想的类似，孔子主张“政”“刑”不如“德”“礼”，尤见与黑格耳吻合。而孔子正是实行了人伦教化方面的责任的，故价值之大，亦因是可见。黑格耳以下论及国家超个人之意义，则与西洋全体性观念有关，这在中国便比较隔膜多了。但却正因为隔膜，乃为我们所急应吸收，尤其在要国家现代化时！

乃以理想之实现为目的，乃普遍至公之所在，乃客观精神之寄托，此为目的，而家庭与社会团体只为手段而已。

政体中以专制为最善，因为一人执政始容易将国家的理想充分实现故。在专制中，“非个人的意志”乃可借“个人意心”表现而出。路易十四说：“朕即国家”，黑格耳是首肯的，黑格耳虽甚贬抑政治上的自由主义，但却力主民族的自由。照黑格耳看，国家即民族，所谓民族指同一语言、同一宗教、同一风俗习惯、同一观念思想之集合。否则强合为一者，必背乎自然，即一种罪恶。倘在如此情形下，即反叛亦不为过。观念思想不统一而要政治统一是不可能的！一个民族就要代表一种理想。无任何理想之民族即失其存在根据，应被其他有理想之民族征服之。

最有活力的民族（即最代表有活力的理想的国家），常为主人。历史不过是国家间不已的斗争。以战胜与败北，而国家理想得以实现。但真正理想国家是可望而不可即的，处处不过实现理想的一部分。（绝对体原不必限于某种特殊地域而存在！）既称理想，就是解决靠未来的，所以历史也可说是政治课题之一种陆续的解决。任何国家都不能完全代表理想，因此，并无任何国家可以永垂不朽。

文化之由一民族而转至他民族，黑格耳称之为历史的辩证法（dialectics of history）。逻辑或辩证法乃个人思想内理性之发展，历史的辩证法即同一理性而发展于宇宙中者。纯粹逻辑的发展、自然逻辑的发展与历史逻辑的发展，其原理是一样的。历史之最内在的实质即理性，此际之理性乃是一种“行动之逻辑”（logic in action）。

黑格耳对于战争，认为是政治进步中所必不可少的手段。但是真正的、合法的、必须的战争，乃是为理想而战、为理性服役而战者。昔日之战争为气忿，今日之战争为原则。

客观精神表现至国家而止。那作为道德大厦之国家不论多么完善，却仍然不是观念之发展的终极。精神活动的顶点不是政治生活。“自由”才是精神的本质，“独立”才是精神的生命。精神除隶属于精神外，不能无条件地隶属于任何物。精神在政治生活中所不能得到最高之满足者，乃得之于艺术、宗教与科学[①]。但黑格耳是不是主张不要国家、社会团体和家庭呢？决不是的。黑格耳觉得艺术、宗教、科学的诸种活动必以强盛的国家和巩固的政府为前提。文化机构的上层，原来都以下层为其存在条件，正如动植物界不能离开矿物界而存在然。大自然，虽时常有所破坏，却也富有保守性，它保守了许多低等的材料，以预备作高等的杰作的基础。精神界亦然。人类由自私

① 此处所用科学一字，意义较广，不只自然科学，哲学亦在其中。

之“主观精神”而至国家社会之“客观精神”，终至又返乎自身，乃发现一已存在之底蕴为美（艺术理想）、为善（宗教理想）、为真（哲学理想）、为此三者之实现、为无上之独立自由，由此遂更至“绝对精神”。在艺术中，精神达到对外界战争之预期胜利，这是自然科学所做不到，而留给艺术做到的。艺术家之思想与其对象合而为一，至艺术而人类灵魂与无限乃非二物。天国降于人，人心升乎天。艺术天才是神之脉息！但较艺术尤上者则为宗教，宗教境界是艺术天才所达不到的，忘我而归于神。宗教以艺术为先驱，宗教却又给哲学作向导。艺术与宗教还不过是由情感和想象而起，科学（也就是哲学）才是“纯粹理性”的胜利，才是精神之神圣庄严相。由理解宇宙，而精神乃得解放与自由。至此而精神复还其自身，至此而在宇宙生活之顶点上，“我”与“世界”乃永永冥合。

第四，艺术哲学、宗教哲学、哲学之哲学。艺术哲学乃黑格耳哲学中前无古人之作，精粹无与伦比。照黑格耳看，艺术为精神对物质之预期的胜利（anticipated triumph），但物质是有抵抗性的，此抵抗性之程度高下即为艺术种属之所由分。最低级的艺术是建筑，在建筑中“观念”还不能完全战胜材料，材料还在顽抗着。同时，建筑的材料也是自然界中最物质的。建筑与雕刻、绘画、音乐比，正如矿物之与植物、动物然。它像天体一般，只可表现雄健庄严，但再变化、再多样的美，就不能胜任了。能多少消融建筑中观念与材料之对立者是雕刻。雕刻对于材料的克服性即较大些，在雕刻中所表现的即较直接些，但是对心灵生活还是枉然。比雕刻所用的材料更少物质性、更多表现人生的，是绘画。但是绘画中的人生只限于一片断、一刹那；也就是，观念依然受着物质的限制。因此，建筑、雕刻、绘画，有一种共同点，黑格耳遂统称之为“客观艺术”。

较客观艺术为高者是音乐。音乐是“主观艺术”。音乐是物质性最少、最不限于视觉的。音乐可以表现人类灵魂之最内在处，可以表现感觉之无限的种种变化处。

但是完整艺术并不是趋于极端，而是将反对物综合着的，亦即将音乐与客观艺术调和起来的。这就是“艺术中之艺术”——文艺。文艺是用语言文字的一种艺术，可以表现各种事物，可以创造各种事物，乃是一种普遍性的艺术。文艺与音乐同样用声音，但是前者清晰而完整，后者晦涩而不易捉摸。因为文艺为各种艺术之顶点，为各种艺术之精华，所以它兼备了各种艺术之长。与客观艺术（建筑、雕刻、绘画）相当者，文艺中有史诗，史诗写自然之奇迹与历史上之殊勋。与主观艺术（音乐）相当者有抒情诗，抒情诗写不可见的人类心灵。最完全的文艺，为“文艺中之文艺”者，则是戏剧；戏剧唯最文明民族始有之，所写无所不包。

但是道德理想终不是物质形式所能充分表现的。人类在兴会淋漓的一刹那，虽或觉得与神无殊，但是一发觉其理想不过一物质形式时，就觉得自己太渺小了，因此由艺术而生宗教。在艺术中将天人已合而为一者，至此而复分。分而不能终分，于是宗教之发展乃有三境，其一在东方宗教中，神是一切，人几无以自处；其二在希腊宗教中，人是一切，神居于末位；其三在基督教中，首要者非神亦非人，乃为二者之合，是即耶稣。基督教为宗教顶点，犹文艺之居艺术中然，包括以前所有宗教而纯化之、完成之。基督教乃一切宗教之综合，乃绝对唯一之宗教。

不过，宗教犹设一外来之权威，这仍不足以表现以自由为本质之“精神”。为达到进化的最高点，“精神”非脱掉宗教之“代表的形式”，而采取“合理的形式”不可。这一步就是哲学。真哲学与真宗教的内容原是一样，只是容器不同。一为理性，一为想象，这就是容器差别所在。至哲学而绝对观念始成为绝对精神。哲学也有其辩证法的演进，最高的表现即是上面所说的绝对唯心论。

我们把体大思精的黑格耳叙述完了，黑格耳的荒谬处诚然不能说没有，但是自康德以后，再没有第二个人影响世界之大，像他那样了。原来不只是哲学，而且及于思想学术各部门。这是一个可惊异的，真正有“一以贯之”的气魄的哲学家！

# 第七章 哲学界现势

——唯心论之继续发展实证主义新实在论

康德、黑格耳以后的欧洲哲学界，很混乱而缺少十分伟大的创造人物。主潮自然仍是康德、黑格耳唯心论哲学的余波，大抵在德国本部多半发挥康德，在德国以外的国家（意、英、美等）多半发挥黑格耳。此外，是由自然科学发达后而产生的实证主义的一系（其中有来自数学的，有来自物理学的，有来自生物学的，有来自社会学的），以及新实在论的一系。唯心论、实证主义、新实在论，三者虽有鼎足而立之势，但是要就哲学的精神（重推理过程、重系统、带有个人色彩）而论，实证主义的哲学味太薄弱；要就历史的长短而论，新实在论的资格也还太浅；所以唯心论几若独尊，也就毫不足怪了。

在唯心论的笼罩下，又可以分为两系：一系是康德，一系是黑格耳。

在康德系中，又可分为三方面：一是康德哲学之自然发展，二是“康德学派”，三是“新康德派”。

康德哲学最吸引人处，是他在《纯粹理性批判》中对于“物之自身”之存而不论，在《实践理性批判》中却又将已闭之门微微小启，在《判断力批判》中则更提示人对理论与实践有一可渡越之桥梁，这样“瞻之在前，忽焉在后”的光景，是最要后人绞尽脑汁，气喘力竭以赴之的。康德给人的问题是“物之自身”到底是什么：菲希特猜是“自我”；黑格耳猜是“理性”；谢林猜了两次，第一次猜是在自我与非我之上的“绝对”，第二次猜是“原始意志”。顺了这个线索继续猜下去的就是叔本华（Arthur Schopenhauer）。

叔本华生于一七八八年，卒于一八六〇年，曾听过菲希特的讲。他说，自我不只为主体而且为客体，客观世界实皆着我之色彩，为我所有。为自我之基本者即意志（will）而非思想。树欲得阳光，故直立；鸟欲飞翔，故有翼。水则欲泻，物则欲倾，化合之物则欲拒欲迎，整个宇宙实一意志之化身。且意志无休歇，故睡眠中犹见，此即梦所由来。但是意志是什么呢？叔本华却不再去追究。即叔本华上面所论，也只承认是论现象，只是论意志的表现而已，因意志为一切生物之源，故亦为所有罪恶之薮。历史中充满杀掳奸诈，倘读一页，即可知其全貌。生命愈进化，苦恼亦愈增。最好是消灭生命，归于涅槃。

叔本华可谓极端悲观主义者。但是后来却有一位最爱读叔本华之文者（在方见其著作之一句时，即已决定当一气读其全书），重把生活强烈地肯定了，这就是尼采（Friedrich Nietzsche）。尼采生于一八四四年，卒于一九〇〇年。他说文化有两种，一种是带奥尼细阿斯[①]（Dionysius）型，一种是阿坡罗[②]（Apollo）型。前者是爆发的、生命力的。后者是调和的、形式的。前者即权力意志的表现，乃一种生机原理。人必须发展权力，进化不能至人而止，须更前进，作超人（Uebermensch）！他主张强者的道德，反对怜悯；因为反对怜悯，又痛击基督教。德国近年来的政治动态，实有尼采很深的影子。叔本华、尼采是康德哲学的自然发展，虽然尼采狠骂康德!

在叔本华死的时候，德国思想界曾一时为自然主义所弥漫。于是有人唱“返归康德”的论调，当时有里布曼[③]（Liebmann），于一八六五年出版《康德及其继承人

① 现通译为“狄俄尼索斯”。——编者注

② 现通译为“阿波罗”。——编者注

③ 现通译为“李普曼”。——编者注

物》（*Kant und die Epigonen*），每章之末，都以“所以我们必须回到康德”（Also muss auf Kant zurück gegangen werden）作结。但最有力量的人物却是朗格（Albert Lange）。朗格生于一八二八年，卒于一八七五年。他于一八六六年出版《唯物论史》（*Geschichte des Materialismus*），这是一本讲唯物论历史的最大名著，虽然他的初意是反对唯物论的。对所反对的东西而仍能加以虚心、彻底的研究，这是德国学者的最可敬爱处。他说唯物论的最大缺点是在不能解释“多”何以可以生“一”。——为什么许多原子合拢来可以产生一个“自我”呢？这是唯物的难题[①]。朗格以为假若唯物论只以一种科学方法而止，不想成一种形上学系统，那是可以同意的，倘越此一步，就不能首肯了。他说，范畴不能用于经验之外。又说，物质不过是心灵上的一种“表相”（Vorstellungsbild），换言之，即“观念”而已，所以，真理究竟是在唯心论一面而不在唯物论一面了。这一派人是所谓“康德学派”。

康德学派遵守康德教训，以为“物之自身”是不可知的。但对由“物之自身”而构成一种形上学之企图却仍没放弃，所以对“物之自身”继续有人猜是理性，有人猜是意志，有人猜是

① 见Weber书，页四一〇，脚注一。

感情（都是循了康德“三批判”的圈子走），等等。此后却另有一批学者出来，以为不单“物之自身”不可知，即由“物之自身”而构成一种形上学之企图亦当中止。哲学不当问理性、意志、感情之“实在”问题，却当恪遵康德批评方法，只研究各种科学之“先验的范畴”问题。持这个立场的，是为“新康德派”。新康德派中又分“马堡学派”和“西南学派”，马堡学派（Marburgschule）以德国中部之马堡大学为中心，其人物有寇亨[①]（Hermann Cohen），寇亨生于一八四二年，卒于一九一八年；有纳托尔普[②]（Paul Natorp），纳托尔普生于一八四五年，卒于一九二四年。寇亨以为哲学乃具有先验的创造活动力的理性之学。理性作用有三方面，即思想、意志和情感。三者却各以先验的创造活动为本质，而以理性之创造活动联合之。理性活动的产物为文化（Kultur），故哲学亦可谓为体系的文化学。纳托尔普则以为自然科学尚有未完之业，此即超经验而位居实然之上者之应然的领域，此乃伦理学所有事。社会由理性而成，个人唯在有组织之社会中始获得其真正兴趣与存在理由。所以纳托尔普有唯心论的社会主义者之称。在教育方面是颇有影响的。

① 现通译为“柯亨”。——编者注

② 现通译为“那托尔卜”。——编者注

“西南学派”（Suedwest Schule）或称“巴登学派”（Badlener Schule），是以德国西南部几个大学为中心而成立的，领袖是温德尔班特[1]（Wilhelm Windelband）。温德尔班特生于一八四八年，卒于一九一五年。他说价值有三种，一是逻辑价值，二是伦理价值，三是审美价值。在逻辑价值中，他讲到真理并非观念与事实之相符，却是对一般的“逻辑意识”之满足。在伦理价值中，他讲到社会意志对个人之要求成为“责任意识”，社会意志的表现即文化，所以每人都应当参与于其中。在审美价值中，他讲到“审美意识”，审美意识即脱离需要、欲望、意志等而获得自由者是。伦理价值和审美价值尤居逻辑价值之上。价值意识之来源为良心（Gewissen），价值之标准为规范（Norm）。规范是普遍的、先验的、绝对不变的，此为认识、道德、艺术所由立。人称温德尔班特一派的哲学为价值哲学。继温德尔班特者有里克尔特[2]（Heinrich Rickelt），里克尔特尤致力于将“实然”归于“应然”，力主以文化史为哲学最后目标之说；又有逖尔泰[3]（Wilhelm Dilthey）以“世界观”（Weltanschauung）为“生命总

① 现通译为“文德尔班”。——编者注

② 现通译为“李凯尔特”。——编者注

③ 现通译为“狄尔泰”。——编者注

体”（Lebenszusammenhang）之化身，提出精神科学与自然科学之不同，前者基于“认识”（Erkennen），后者基于“理解”（Verstehen），唯由后者始能把握生命之本质，始能了然世界观之诸种形式，逖尔泰亦是走到历史方面去的。由逖尔泰思想之形上学的涵义而发挥的则是奥伊铿（Rudolf Eucken），他说精神的本质即作为在征阻力，取胜利。

以上是康德哲学在德国国内的发展情形。

在国外发展的情形则以法国为最著。法国的康德学者有雷奴维耶[1]（Renouvier），雷奴维耶生于一八一五年，卒于一九〇三年。他主张的是现象主义（Phenomenalism）。他说哲学应如科学然只究假象而避本质。我们所直接认知者只有特殊现象，即所谓表象（Representation）是在伦理方面，他说人与宇宙有一种契约存在，唯接纳宇宙之要求（即在其道德本性中所显示者）者，始有权利望宇宙满足其要求。雷奴维耶之后有柏格森（Henri Bergson），柏格森生于一八五九年，是现存的世界大哲学家之一。柏格森否认科学有涉及“实在”的权利，这是他显然受着康德思想的影响处[2]。他说科学以宇宙为死物，

① 现通译为“雷诺维叶”。——编者注

② 见瞿译《哲学史》卷三十三章，页三四四。

哲学则以宇宙为有生命之物，“实体”须用直觉知之，理智是枉然的。他又以为物质与意识是不同的；意识是记忆之总合，又永久在创新，若川流不息然，物质则为一种阻碍，但也是一种工具，倘若没有物质，“生命力的冲动”（elan vital）便无从表现了。“生命力的冲动”对于物质是征服的，倘若被征服，便变为机械性，遂就是所有笑料之所由来。神不是已成的，神是永无止息的生命，神是永无止息的活动与自由！

黑格耳系的思想，在德国国内是远不如在国外活跃的，德国的黑格耳派曾有左、右之分，左派走入唯物论里去，先是有费尔巴哈（Ludwig Feuerbach），他著有《基督教之本质》（*Wesen des Chrisentums*），说宗教不过是人类欲望的反映，于是把神的天国破坏了；又说“人吃什么就是什么”（Mann ist was er isst），人的神秘也拆穿了。之后有马克思（Karl Marx），马克思生于一八一八年，卒于一八八三年。他在一八六七年（即中国清同治六年，时中山先生已两岁）出版《资本论》（*Das Kapital*），这是近代社会主义者的一种经典。他采取了黑格耳的历史哲学的形式，却用经济发展解释之，他又采取了黑格耳的辩证法，但却用阶级斗争代替了观念上的对立。这一派哲学现在继续发展于苏联。

当黑格耳思想发展于意大利，便有了当代的大哲学家之

——克罗采[①]（Benedetto Croce）。克罗采生于一八六六年。他的系统为精神哲学，主意识即实体。他把意识的生活分为二部分，一部分是理论，理论中又分直觉与理智；一部分是实践，实践中又分为效用与道德，凡是后者皆以前者为基础而包括之，例如实践即以理论为基础，而理论中之理智更以直觉为基础；而实践中之道德则以效用为基础。以后者包前者，而不能反之，故有效用的未必即道德。但道德的则必有效用。在克罗采系统中，对于直觉的一方面，也就是美学的一方面，最为精彩。他说直觉即表现，直觉自身即已为一种艺术活动，所谓艺术家不过直觉非常清楚而明确，又能将这直觉予以物质的实现的人而已。他又主哲学即史学之说，到了他的弟子甄提尔[②]（Giovanni Gentile），更谓历史与精神的创造活动乃是一事。他们师徒二人都先后负意大利教育部长之责，他们的思想就是现在意大利“法西斯蒂主义”[③]（Fascistism）之哲学基础。

黑格耳思想又发展于英国。英国本是以实证主义为传统

① 现通译为“克罗齐”。——编者注

② 现通译为“秦梯利”。——编者注

③ 现通译为“法西斯主义”。——编者注

的国家，但因为诗人寇尔列治[①]（Coleridge）、批评家喀莱尔[②]（Thomas Carlyle）的介绍，德国唯心论也输入了。英国的黑格耳派以格林（T.H.Green）和布拉德莱（F.H.Bradley）为最著。传入英国之后，不久即传入美国，美国的黑格耳派以罗哀司[③]（Josiah Royce）为巨擘。

与康德、黑格耳的唯心论巨潮相抗衡的是由自然科学发展而来的实证主义。此中由数学来的有法国的朋卡累[④]（Henri Poincare），他生于一八八六年，卒于一九一二年，是企图对科学中之推理（如表现于数学中者）、形式（牛顿式的物理不过许多可能的系统中之一种排列形式，而爱因斯坦的即系另一种排列形式）、实验（在多种可能性中，最后须以受实验的证实为取舍标准）三方面作调和者。他以为所谓科学全景，实应包括此三方面。他又由数学的归纳法，证明普遍而先验的真理系来自直觉。这都是他的贡献。

由物理学而来的有德国的马哈[⑤]（Ernst Mach），他生于

---

① 现通译为“柯勒律治”。——编者注

② 现通译为“卡莱尔”。——编者注

③ 现通译为“罗伊斯”。——编者注

④ 现通译为“庞加莱”。——编者注

⑤ 现通译为“马赫”。——编者注

一八三八年，卒于一九一六年，持有益于科学者亦必有益于哲学之说，又为心与物找一共同基础，即感觉，例如“色”，就其靠光源论是物的，就其靠人眼之网膜论是心的，此感觉本身则无所谓物，亦无所谓心。他更指出科学目的在求思想经济，这也是常为人称道的。

由生物学而来的当推英国达尔文（Charles Darwin）、斯宾塞（Herbert Spencer），德国赫克尔[①]（Ernst Haeckel）。达尔文生于一八〇九年，卒于一八八二年。他那划时代的著作《物种原始》[②]（*Origin of Species*）出版于一八五九年（中国清咸丰九年，是英法联军烧圆明园的前一年，中国许多近代人物如严复、林纾、康有为等都已出世了）。他主要的学说是物竞天择，优胜劣汰。斯宾塞的进化论几乎是独立发展的，但与达尔文不谋而同。他予进化论以更确切的定义，他说进化是由不确定、单纯而趋于确定、复杂。他又企图调和先验与经验之说，以为就个人看，或者有许多事是先验的，但就整个种族看，那许多事也许是由祖先经验来的。赫克尔则排斥“物之自身”，以为其存在与否实不可知，而自倡一种自然的一

① 现通译为“海克尔”。——编者注

② 现通译为《物种起源》。——编者注

元论哲学。他有二大原理，一为物质与能力不灭原理；二为普遍进化原理。所谓普遍进化原理即谓生命来自理化现象，由原形质（Protoplasm）而精神质（Psychoplasm），以达于神经质（Neuroplasm），宇宙为二原则所统治，无所谓神、灵魂以及自由意志，真理唯在自然中！美国的哲学家詹姆士[1]（W. James）、杜威（John Dewey），都是多少基于斯宾塞的进化论而发展的。

由社会学而来的，当推法国孔德（Auguste Comte），孔德以一七八九年生，以一八五七年卒。他说人类思想经过三期，一是神学期，二是形上学期，三是实证期。各种科学也都经过这样的三个段落，科学愈复杂则进至实证期愈难。所以，现在还有好几种科学仍然在形上学状态，甚而神学状态。科学的分类应当以复杂性递增、普遍性递减为标准。这样数学是第一层，由此而上是天文学、物理学、化学、生物学，居顶端者则为社会学，一俟社会学也实证化，各种科学的总合（即哲学）也就变为实证的了。实证论之目的在使各特殊科学皆哲学化，而哲学又科学化。孔德的思想在法国势力很大，他的看法是在自然科学刚发达时应有的产物，现在人们对哲学的性质及课题

① 现通译为“詹姆斯”。——编者注

都较为清楚了，已少有人欲将科学、哲学混而为一。

在实证主义之外，又不属于唯心论的，是新实在论派。新实在论派的主旨是于知觉中承认物质的存在物，于思想中承认逻辑的存在物。此派可以当代罗素（Russell）为代表。他们对于物质的看法，是发生于时空中的“事件”而已，这样免除了过去的呆滞性，也免除了和心灵对待的意味。这派发达于英美，在德奥与之遥为声援者则有迈农格[1]（A. Meinong）之“对象说”（Gegenstandstheorie）、胡塞尔（E. Husserl）之“现象学”（Phaenomenologie）。中国现代哲学界中，服膺英美的新实在论者颇多。

现在把最近的哲学趋势传述完了，我不能不追加上三个注语：一是现代的每家哲学往往吸收甚杂，互有影响，上面的分法，当然不必太拘泥；二是上面的叙述着眼在各家哲学之主要的来源，并非否认其他影响；三是纯粹谈康德、黑格耳的哲学家虽似渐少，（这是因为谈得腻了！）但是他们的精神侵入各种学术，尤其是精神科学中之历史、政治、经济、艺术论等或重发展（黑格耳），或重范畴（康德），那作用之大，却决不是寻常数学可以计量的。所以，康德、黑格耳实在仍是近代欧洲思潮的重心！这是为眩于新奇的人所容易忽略的。

---

① 现通译为“迈农”。——编者注

# 结　论

在结束本书时，我愿意提出四点：

第一，学习哲学（尤其是哲学史）的最大训练之一，是容纳其他立场。哲学的体系不一，价值不一，但是各有其言之成理者在。我们尽可以采取一种不同于他人的哲学，但不必抹杀他人的立场。大量和虚心，是“爱智者”应有的胸襟！

第二，西洋的哲学实在各有民族的背景，这是一个事实。试看在希腊时已有爱奥尼亚与多立亚的不同，前者偏唯物，后者偏唯心；在中世纪时，阿柏拉德之重理解，嚣俄之趋神秘，奥坎之排斥共名，已代表了法、德、英三国精神的分野；到了近代，更可知清晰的笛卡儿不会生在法国之外，凝重的康德、黑格耳不会生在德国之外，富有批评精神的休姆不会生在英国之外，注重历史语言的克罗采不会生在意大利之外，讲实用主义的詹姆士和讲工具主义的杜威不会生在美国之外，因为那都是与本土的精神太相符合了！一民族之接受哲学，仿佛有一种天然的容量；一民族之创造哲学，也仿佛有一种天然的面貌；所以，中国将来的哲学，不言而喻，必须是中国传统精神的！

第三，研究西洋哲学也当注意其特有传统。在我提出的五点中，尤以全体性的观念最为我们所无，也就最是所需。

第四，我在书中时时拿中西的纪年相比较，我的意思是，西洋哲学的进步（正如其他方面）不过是近百年的事，这是指明以中国悠久的历史看，我们在这一段落中的落伍还不太长，当急追，追上并不难！

# 附录

——西洋哲学入门书解题十三则

罗素是不要人读“关于哲学”的书的，他说最好直接去读“哲学”书。他这话很好，可是在中国就又当别论，原因是我们对西洋传统上及文字上的隔膜太多了，终不能不需一点入门的书做桥梁。现在就我所见到的，负责推荐十三种于下：

一、陈筑山著《哲学之故乡》（中华）　这是一本有趣的讲希腊哲学的书，全书用剧场上的独白体，“老夫苏格拉底是也”便是那口吻。书虽小，很精当。本书大致根据斯塔斯（W. T. Stace）所著《批评的希腊哲学史》（中国有庆泽彭译本，商务版）。

二、方东美著《科学哲学与人生》（商务）　此书价值在能从深处分析近代精神与希腊精神的区别所在。因为那所及的方面之广阔、文章之优美，似乎书名应该是《科学哲学文学与人生》。好书不但本身好，并且还能引导你更读许多好书。即如你读了这本书，就非读歌德《浮士德》不可了，就非读尼采《查拉图斯特拉如是说》不可了，就非读施贲格勒[1]《西方之没落》不可了，因为那是情不自禁呵！

三、郭斌和、景昌极合译柏拉图《五大对话集》（商务）柏拉图的文章太美了，其中的风趣又太引人入胜了，岂可以不读？欲读而一时不能全读时，一脔也是好的！

四、向达译亚里斯多德《伦理学》（商务） 这也是一种名著的翻译。向达为一谨严而多方面的学者，此书并经吴宓、汤用彤二先生校阅，所以颇可依赖！

五、范寿康著《康德》（商务） 此书大部采德人泡耳逊（Paulsen）的《康德传》而成，虽然著者亦未说明。读了后可知一个大哲的生活，那样的生活实在是一种艺术了！

六、Durant，*Story of Philosophy* 中国有两种译本，一称《哲学的故事》（詹文浒译），一称《古今大哲学家之生活与思想》（杨荫鸿译），后者较佳，但仍嫌不太流畅。我劝还是读原文！这是在欧美流行颇广的一种通俗哲学书，德文也有译本。这书的特色是援引多直用哲学家的原书，故觉生气盎

① 现通译为“施本格勒”。——编者注

然；所叙又只找大哲学家着笔，更增人兴致。最后则以美国人立场作结，这是不免的，因为作者是美国人。

七、Eucken，*Die Lebensanschauungen der grossen Denker* 按书名的中文应是《大思想家之人生观》。因英文译本作*The Problem of Human Life*，故亦有译作《人生问题》者。这是著者奥伊铿得诺贝尔奖金的一部名著。原书文笔极飘逸（用杨丙辰先生评语），了解极深刻。

八、Weber，*History of Philosophy* 原书为法文，英译本由美国息雷（F.Thilly）执笔，后又由培利（R.S.Perry）补充。中国有徐炳昶根据法文本的翻译，名《欧洲哲学史》（北平朴社），有詹文浒根据英文补充本的翻译，名《西洋哲学史》（世界）。徐译极谨严慎重，并保留原书渊博处；詹译尚流畅，唯不免小误，且因据培利补充本，许多书名和注子都剥去了。原书是很流行的一种大学教本，好处是清晰而有条理。最后的立场，却是折中于法国，这是因为作者是法国人。[①]

九、Bergson，*Introduction to Metaphysics* 原文是法文，不懂法文者可看英译本。文章太好了。那么流利，那么丰富的比喻，真像一长串智珠一样，缅缅不绝。中文译本叫《形而上学

---

① 作者Alfred Weber应为德国人，见《例言》注释。——编者注。

序论》（商务），译者是杨正宇，因未读不敢评。

十、Russell，*The Problem of Philosophy*　很引人入胜的一本小书。我之学哲学，即为这本小书所诱惑，所以我不能忘了这初恋的情人！

十一、李石岑、郭大力合译朗格《唯物论史》（中华）　朗格是不同意唯物论的人，但是他这书却成了讲唯物论的书中之不朽名著了。对唯物论无论赞否的人，都离不了它。很难得是中文译者也那么不苟！

十二、冯友兰著《中国哲学史》（商务）　读者或者以为我把书名列在这里是列错了，其实没有。冯先生这部书虽是讲中国哲学的，但是那方法和观念乃是西洋的。连文笔也那么欧化（可是欧化得好），全书的价值也正就在此。由本书，可以得到许多了然于西洋哲学的精神处，读本书时，要欣赏其“思辨”的特色，“思辨”正是西洋哲学的神髓。

十三、江永集注《近思录》　最后索性列了一本真正古色古香的中国书。我的意思是，这是中国从前最好的一部“哲学教育”课本，其“思辨”的特色与西洋同，尤其是卷一、卷二！

国家新闻出版广电总局
首届向全国推荐中华优秀传统文化普及图书

## ‖大家小书书目

| | |
|---|---|
| 经典常谈 | 朱自清　著 |
| 语言与文化 | 罗常培　著 |
| 习坎庸言校正 | 罗　庸　著　杜志勇　校注 |
| 鸭池十讲（增订本） | 罗　庸　著　杜志勇　编订 |
| 古代汉语常识 | 王　力　著 |
| 国学概论新编 | 谭正璧　编著 |
| 文言尺牍入门 | 谭正璧　著 |
| 日用交谊尺牍 | 谭正璧　著 |
| 敦煌学概论 | 姜亮夫　著 |
| 训诂简论 | 陆宗达　著 |
| 金石丛话 | 施蛰存　著 |
| 常识 | 周有光　著　叶　芳　编 |
| 文言津逮 | 张中行　著 |
| 中国字典史略 | 刘叶秋　著 |

古典目录学浅说　　来新夏　著
闲谈写对联　　白化文　著
怎样使用标点符号（增订本）　　苏培成　著

诗境浅说　　俞陛云　著
唐五代词境浅说　　俞陛云　著
北宋词境浅说　　俞陛云　著
南宋词境浅说　　俞陛云　著
人间词话新注　　王国维　著　滕咸惠　校注
苏辛词说　　顾　随　著　陈　均　校
诗论　　朱光潜　著
唐诗杂论　　闻一多　著
诗词格律概要　　王　力　著
唐宋词欣赏　　夏承焘　著
槐屋古诗说　　俞平伯　著
词学十讲　　龙榆生　著
词曲概论　　龙榆生　著
中国古典诗歌讲稿　　浦江清　著
浦汉明　彭书麟　整理

| | |
|---|---|
| 唐人绝句启蒙 | 李霁野　著 |
| 唐宋词启蒙 | 李霁野　著 |
| 古典文学略述 | 王季思　著　王兆凯　编 |
| 古典戏曲略说 | 王季思　著　王兆凯　编 |
| 唐宋词概说 | 吴世昌　著 |
| 宋词赏析 | 沈祖棻　著 |
| 道教徒的诗人李白及其痛苦 | 李长之　著 |
| 闲坐说诗经 | 金性尧　著 |
| 陶渊明批评 | 萧望卿　著 |
| 舒芜说诗 | 舒　芜　著 |
| 名篇词例选说 | 叶嘉莹　著 |
| 唐诗纵横谈 | 周勋初　著 |
| 楚辞讲座 | 汤炳正　著<br>汤序波　汤文瑞　整理 |
| 好诗不厌百回读 | 袁行霈　著 |
| 山水有清音<br>——古代山水田园诗鉴要 | 葛晓音　著 |

| | |
|---|---|
| 门外文谈 | 鲁　迅　著 |
| 我的杂学 | 周作人　著　张丽华　编 |
| 论雅俗共赏 | 朱自清　著 |
| 文学概论讲义 | 老　舍　著 |
| 中国文学史导论 | 罗　庸　著　杜志勇　辑校 |
| 给少男少女 | 李霁野　著 |
| 鲁迅批判 | 李长之　著 |
| 英美现代诗谈 | 王佐良　著　董伯韬　编 |
| 三国谈心录 | 金性尧　著 |
| 夜阑话韩柳 | 金性尧　著 |
| 英语学习 | 李赋宁　著 |
| 漫谈西方文学 | 李赋宁　著 |
| 历代笔记概述 | 刘叶秋　著 |
| 笔祸史谈丛 | 黄　裳　著 |
| 古典诗文述略 | 吴小如　著 |
| 有琴一张 | 资中筠　著 |
| 鲁迅作品细读 | 钱理群　著 |
| 唐宋八大家<br>——古代散文的典范 | 葛晓音　选译 |

| | | |
|---|---|---|
| 红楼梦考证 | 胡　适　著 | |
| 《水浒传》与中国社会 | 萨孟武　著 | |
| 《西游记》与中国古代政治 | 萨孟武　著 | |
| 《红楼梦》与中国旧家庭 | 萨孟武　著 | |
| 《金瓶梅》人物 | 孟　超　著 | 张光宇　绘 |
| 水泊梁山英雄谱 | 孟　超　著 | 张光宇　绘 |
| 《红楼梦》探源 | 吴世昌　著 | |
| 《西游记》漫话 | 林　庚　著 | |
| 细说红楼 | 周绍良　著 | |
| 红楼小讲 | 周汝昌　著 | 周伦玲　整理 |
| 曹雪芹的故事 | 周汝昌　著 | 周伦玲　整理 |
| 古典小说漫稿 | 吴小如　著 | |
| 三生石上旧精魂<br>——中国古代小说与宗教 | 白化文　著 | |
| 《金瓶梅》十二讲 | 宁宗一　著 | |
| 古体小说论要 | 程毅中　著 | |
| 近体小说论要 | 程毅中　著 | |
| 文学的阅读 | 洪子诚　著 | |
| 中国戏曲 | 么书仪　著 | |

| | |
|---|---|
| 中国史学入门 | 顾颉刚　著　何启君　整理 |
| 秦汉的方士与儒生 | 顾颉刚　著 |
| 三国史话 | 吕思勉　著 |
| 史学要论 | 李大钊　著 |
| 中国近代史 | 蒋廷黻　著 |
| 民族与古代中国史 | 傅斯年　著 |
| 五谷史话 | 万国鼎　著　徐定懿　编 |
| 民族文话 | 郑振铎　著 |
| 史料与史学 | 翦伯赞　著 |
| 唐代社会概略 | 黄现璠　著 |
| 清史简述 | 郑天挺　著 |
| 两汉社会生活概述 | 谢国桢　著 |
| 中国文化与中国的兵 | 雷海宗　著 |
| 两宋史纲 | 张荫麟　著 |
| 明史简述 | 吴　晗　著 |
| 北宋政治改革家王安石 | 邓广铭　著 |
| 从紫禁城到故宫<br>——营建、艺术、史事 | 单士元　著 |
| 史学遗产六讲 | 白寿彝　著 |

| | |
|---|---|
| 司马迁之人格与风格 | 李长之　著 |
| 司马迁 | 季镇淮　著 |
| 唐王朝的崛起与兴盛 | 汪　篯　著 |
| 二千年间 | 胡　绳　著 |
| 论三国人物 | 方诗铭　著 |
| 考古发现与中西文化交流 | 宿　白　著 |
| 中国古代国家的历史特征 | 张传玺　著 |
| 艺术、神话与祭祀 | 张光直　著 |
| | 刘　静　乌鲁木加甫　译 |
| 中国古代衣食住行 | 许嘉璐　著 |
| 中国古代史学十讲 | 瞿林东　著 |
| | |
| 黄宾虹论画 | 黄宾虹　著 |
| 中国绘画史 | 陈师曾　著 |
| 和青年朋友谈书法 | 沈尹默　著 |
| 中国画法研究 | 吕凤子　著 |
| 桥梁史话 | 茅以升　著 |
| 中国戏剧史讲座 | 周贻白　著 |
| 俞平伯说昆曲 | 俞平伯　著　陈　均　编 |

| | | |
|---|---|---|
| 新建筑与流派 | 童寯 著 | |
| 论园 | 童寯 著 | |
| 拙匠随笔 | 梁思成 著 | 林洙 编 |
| 中国建筑艺术 | 梁思成 著 | 林洙 编 |
| 沈从文讲文物 | 沈从文 著 | 王风 编 |
| 中国画的艺术 | 徐悲鸿 著 | 马小起 编 |
| 中国绘画史纲 | 傅抱石 著 | |
| 中国舞蹈史话 | 常任侠 著 | |
| 海上丝路与文化交流 | 常任侠 著 | |
| 世界美术名作二十讲 | 傅雷 著 | |
| 中国画论体系及其批评 | 李长之 著 | |
| 金石书画漫谈 | 启功 著 | 赵仁珪 编 |
| 吞山怀谷——中国山水园林的艺术 | 汪菊渊 著 | |
| 中国古代音乐与舞蹈 | 阴法鲁 著 | 刘玉才 编 |
| 梓翁说园 | 陈从周 著 | |
| 旧戏新谈 | 黄裳 著 | |
| 民间年画十五讲 | 王树村 著 | 姜彦文 编 |
| 民间美术与民俗 | 王树村 著 | 姜彦文 编 |

| | |
|---|---|
| 长城史话 | 罗哲文　著 |
| 中国古园林概说 | 罗哲文　著 |
| 现代建筑奠基人 | 罗小未　著 |
| 世界桥梁趣谈 | 唐寰澄　著 |
| 如何欣赏一座桥 | 唐寰澄　著 |
| 桥梁的故事 | 唐寰澄　著 |
| 园林的意境 | 周维权　著 |
| 万方安和——皇家园林的故事 | 周维权　著 |
| 现代建筑的故事 | 吴焕加　著 |
| 中国古代建筑概说 | 傅熹年　著 |
| | |
| 国学救亡讲演录 | 章太炎　著　蒙　木　编 |
| 简易哲学纲要 | 蔡元培　著 |
| 大学教育 | 蔡元培　著<br>北大元培学院　编 |
| 老子、孔子、墨子及其学派 | 梁启超　著 |
| 中国政治思想史 | 吕思勉　著 |
| 天道与人文 | 竺可桢　著　施爱东　编 |

| | | |
|---|---|---|
| 春秋战国思想史话 | 嵇文甫　著 | |
| 晚明思想史论 | 嵇文甫　著 | |
| 新人生论 | 冯友兰　著 | |
| 中国哲学与未来世界哲学 | 冯友兰　著 | |
| 谈美书简 | 朱光潜　著 | |
| 中国古代心理学思想 | 潘　菽　著 | |
| 民俗与迷信 | 江绍原　著 | 陈泳超　整理 |
| 佛教基本知识 | 周叔迦　著 | |
| 儒学述要 | 罗　庸　著 | 杜志勇　整理 |
| 希腊漫话 | 罗念生　著 | |
| 佛教常识答问 | 赵朴初　著 | |
| 大一统与儒家思想 | 杨向奎　著 | |
| 孔子的故事 | 李长之　著 | |
| 西洋哲学史 | 李长之　著 | |
| 乡土中国 | 费孝通　著 | |
| 社会调查自白 | 费孝通　著 | |
| 经学常谈 | 屈守元　著 | |
| 墨子与墨家 | 任继愈　著 | |
| 汉化佛教与佛寺 | 白化文　著 | |
| 中西之交 | 陈乐民　著 | |

# 出版说明

“大家小书”多是一代大家的经典著作，在还属于手抄的著述年代里，每个字都是经过作者精琢细磨之后所拣选的。为尊重作者写作习惯和遣词风格、尊重语言文字自身发展流变的规律，为读者提供一个可靠的版本，“大家小书”对于已经经典化的作品不进行现代汉语的规范化处理。

提请读者特别注意。

北京出版社